Rudolf Steiner Taschenbücher aus dem Gesamtwerk

Rudolf Steiner

Die Stufen der höheren Erkenntnis

Drei Schritte der Anthroposophie: Philosophie, Kosmologie, Religion

Vom Seelenleben

Schriften und Aufsätze 1905, 1922/1923

RUDOLF STEINER VERLAG
DORNACH / SCHWEIZ

Herausgegeben von der Rudolf Steiner-Nachlaßverwaltung
Die Herausgabe besorgte Walter Kugler

Ungekürzte Texte nach folgenden Bänden
der Rudolf Steiner Gesamtausgabe:

Die Stufen der höheren Erkenntnis (Bibl.-Nr. 12)

Drei Schritte der Anthroposophie:
Philosophie, Kosmologie, Religion (Bibl.-Nr. 25)

Der Goetheanumgedanke (in Bibl.-Nr. 36)

(Bibliographische Angaben siehe Seite 186)

Taschenbuchausgabe

1.– 6. Tsd. Dornach 1986
7.–13. Tsd. Dornach 1991
14.–16. Tsd. Dornach 2001

Zeichen auf dem Umschlag und Titelblatt von Rudolf Steiner

Printed in Germany by Clausen & Bosse, Leck

ISBN 3-7274-6410-0

ZU DIESER AUSGABE

In seiner grundlegenden Schrift «Wie erlangt man Erkenntnisse der höheren Welten?» hat Rudolf Steiner einen aus geisteswissenschaftlichen Forschungen hervorgegangenen Schulungsweg, sowie die Bedingungen, die hierfür an das denkende Bewußtsein des Menschen gestellt werden, ausführlich dargestellt. Im Zusammenhang mit seiner Absicht, diesem ersten Teil einen zweiten folgen zu lassen, der «weitere Ausführungen über die Seelenverfassung, welche den Menschen zum Erleben höherer Welten führt», enthalten sollte, waren in den Jahren 1905–1908 in der von ihm herausgegebenen Zeitschrift «Luzifer Gnosis» bereits einige Aufsätze unter dem Titel «Die Stufen der höheren Erkenntnis» erschienen. Die Überfülle an Arbeit, insbesondere die außerordentliche Inanspruchnahme durch seine rege Vortragstätigkeit, gestattete es ihm jedoch nicht mehr, die begonnene Arbeit innerhalb eines absehbaren Zeitraumes zu einem Abschluß zu bringen. Das später wieder aufkommende Interesse an diesen Aufsätzen veranlaßte dann, sechs Jahre nach Rudolf Steiners Tod im Jahre 1925, Marie Steiner, die viele Jahrzehnte hindurch die Herausgabe seiner Schriften und Vorträge besorgte und auch die entscheidenden Anregungen für eine Rudolf Steiner-Gesamtausgabe gab, diese wichtigen Ausführungen in Buchform erscheinen zu lassen.

Dieses unvollendet gebliebene Werk, das Rudolf Steiner selbst einmal eine «Erkenntnislehre der Geheimwissenschaft» genannt hat, bildet den Auftakt des hier vorliegenden Bandes. Im Mittelpunkt steht die Schilderung der Verhältnisse, «in denen die Seele zu den verschiedenen Welten steht, wenn sie durch die aufeinanderfolgenden Erkenntnisstufen hindurchschreitet.» Innerhalb des Gesamtwerkes seiner Schriften und Vorträge nehmen diese Aufsätze eine besondere Stellung ein, da Rudolf Steiner hier die höheren Erkenntnisstufen, also die Imagination, Inspiration und Intuition grundlegend darstellt. Diese Aufsätze bilden daher eine wesentliche Voraussetzung für ein Verständnis dessen, was Rudolf Steiner in seinen Vorträgen über die höheren Erkenntnisstufen im Zusammenhang mit in verschiedensten Lebensbereichen anzuwendenden Erkenntnisvorgängen ausgeführt hat.

Die in diesem Band des weiteren aufgenommenen Referate Rudolf Steiners unter dem Titel «Kosmologie, Religion und Philosophie» sowie die Aufsätze «Vom Seelenleben» stellen nach den Worten Marie Steiners «eine weitere Steigerung in der Kraft der lichtvollen Schilderung meditativer Erkenntnisvorgänge» dar. So kann dieser kleine Band in seiner Ganzheit demjenigen, der sich den anthroposophischen Schulungsweg vertiefend erarbeiten möchte, in Fortführung der eingangs erwähnten Schrift «Wie erlangt man Erkenntnisse der höheren Welten?» wertvolle Studienanregungen geben.

Hinweise auf weitere, zum hier behandelten Thema gehörende Darstellungen Rudolf Steiners entnehme man der Literaturübersicht am Schluß des Bandes.

Walter Kugler

INHALT

Die Stufen der höheren Erkenntnis

Drei Schritte der Anthroposophie: Philosophie, Kosmologie, Religion

Vom Seelenleben

DIE STUFEN
DER HÖHEREN ERKENNTNIS

Bis zu der Begegnung mit den beiden «Hütern der Schwelle» ist in dem Buche «Wie erlangt man Erkenntnisse der höheren Welten?» der Weg zur höheren Erkenntnis verfolgt worden. Nun sollen auch noch die Verhältnisse geschildert werden, in denen die Seele zu den verschiedenen Welten steht, wenn sie durch die aufeinanderfolgenden Erkenntnisstufen hindurchschreitet. Damit wird das gegeben, was man die «Erkenntnislehre der Geheimwissenschaft» nennen kann.

Bevor der Mensch den Pfad höherer Erkenntnis betritt, kennt er nur die erste von *vier* Erkenntnisstufen. Es ist diejenige, welche ihm im gewöhnlichen Leben innerhalb der Sinneswelt eigen ist. Auch in dem, was zunächst «Wissenschaft» genannt wird, hat man es nur mit dieser ersten Erkenntnisstufe zu tun. Denn diese Wissenschaft arbeitet ja nur das gewöhnliche Erkennen feiner aus, macht es disziplinierter. Sie bewaffnet die Sinne durch Instrumente – Mikroskop, Fernrohr usw. –, um *genauer* zu sehen, was die unbewaffneten Sinne nicht sehen. Aber die Erkenntnisstufe bleibt doch dieselbe, ob man normal große Dinge mit dem gewöhnlichen Auge sieht, oder ob man sehr kleine Gegenstände und Vorgänge mit dem Vergrößerungsglase verfolgt. Auch in der Anwendung des Denkens auf die Dinge und Tatsachen bleibt diese Wissenschaft bei dem stehen, was schon im alltäglichen Leben getrieben wird. Man ordnet die Gegenstände, beschreibt und vergleicht sie, man sucht sich ein Bild von ihren Veränderungen zu machen usw. Der strengste Naturforscher tut im Grunde in dieser Beziehung nichts anderes, als daß er das Beobachtungsverfahren des alltäglichen Lebens in einer kunstgemäßen Art ausbildet. Seine Erkenntnis wird umfangreicher, komplizierter, logischer; aber er schreitet nicht zu einer anderen *Erkenntnisart* vor.

Man nennt diese *erste* Erkenntnisstufe in der Geheimwissenschaft die «materielle Erkenntnisart». Dazu kommen dann zunächst *drei* höhere. An sie schließen sich dann noch weitere an. Sie sollen hier beschrieben werden, bevor in der Schilderung des «Erkenntnispfades» weitergegangen wird. Nimmt man das gewöhnliche – und sinnlich-wissenschaftliche – Erkennen als die erste Stufe an, so hat man zunächst folgende vier Stufen zu unterscheiden:

1. die materielle Erkenntnis,
2. die imaginative Erkenntnis,
3. die inspirierte Erkenntnis, die man auch die «willensartige» nennen kann,
4. die intuitive Erkenntnis.

Diese Stufen sollen im weiteren zur Sprache kommen. Man muß sich zunächst klarmachen, womit man es bei diesen verschiedenen Erkenntnisarten zu tun hat. – Beim gewöhnlichen sinnlichen Erkennen kommen vier Elemente in Betracht: 1. der *Gegenstand,* welcher auf die Sinne einen Eindruck macht; 2. das *Bild,* das sich der Mensch von diesem Gegenstande macht; 3. der *Begriff,* durch den der Mensch zu einer geistigen Erfassung einer Sache oder eines Vorganges kommt; 4. das *«Ich»,* welches sich auf Grund des Eindruckes vom Gegenstande Bild und Begriff bildet. Bevor sich der Mensch ein Bild – eine «Vorstellung» macht, ist ein Gegenstand da, welcher ihn dazu veranlaßt. Diesen bildet er nicht selbst, er nimmt ihn wahr. Und auf Grund dieses Gegenstandes entsteht das *Bild.* Solange man ein Ding anblickt, hat man es mit diesem selbst zu tun. In dem Augenblicke, wo man von dem Dinge hinwegtritt, besitzt man nur noch das *Bild.* Den Gegenstand verläßt man, das Bild bleibt in der Erinnerung «haften». Aber man kann nicht dabei stehenbleiben, sich bloß «Bilder» zu machen. Man muß zu «Begriffen» kommen. Die Unterscheidung von «Bild» und «Begriff» ist unbedingt notwendig, wenn man sich hier ganz klarwerden will. Man stelle sich einmal vor, man sehe einen Gegenstand, welcher kreisförmig ist. Dann drehe man sich um, und man behalte das *Bild* des Kreises im Gedächtnisse. Da hat man noch nicht den «Begriff» des Kreises. Dieser ergibt sich erst, wenn man sich sagt: «Ein Kreis ist eine Figur, bei der alle Punkte von einem Mittelpunkte gleich weit entfernt sind.» Erst wenn man sich von einer Sache einen «Begriff» gemacht hat, ist man zum Verständnisse derselben gekommen. Es gibt viele Kreise: kleine, große, rote, blaue usw.; aber es gibt nur *einen* Begriff «Kreis». – Auf alles dieses soll im weiteren noch näher eingegangen werden; vorläufig soll nur skizziert werden, was zur Charakteristik der vier ersten Erkenntnisstufen notwendig ist. – Das vierte Element, das bei der materiellen Erkenntnis in Betracht kommt, ist das *«Ich».* In demselben kommt eine Einheit der Bilder und Begriffe zustande. Dieses «Ich» bewahrt in seinem Gedächtnisse die Bilder. Wäre das nicht der Fall, so entstände kein fortlaufendes inneres Leben. Die Bilder der Dinge blieben nur so lange vorhanden, als diese Dinge selbst auf die Seele wirken. Das innere Leben aber hängt davon ab, daß Wahrnehmung an Wahrnehmung gereiht wird. Das «Ich» orientiert sich «heute» in der Welt, weil ihm bei gewissen Gegenständen die Bilder der gleichen Gegenstände von «gestern» auftauchen. Man vergegenwärtige sich nur, wie unmöglich das Seelenleben wäre, wenn man nur so lange ein Bild eines Dinges hätte, als dieses selbst vor einem steht. – Auch bezüglich der Begriffe bildet das «Ich» die Einheit. Es verbindet seine Begriffe und verschafft sich auf diese Art einen Überblick, das heißt ein Verständnis der Welt. Diese Verbindung der Begriffe geschieht im «Urteilen». Ein Wesen, das nur lose Begriffe hätte, könnte sich in der Welt nicht zurechtfinden. Alle Tätigkeit des Menschen beruht auf seiner Fähigkeit, Begriffe zu verbinden, das heißt auf seinem «Urteilen».

Das «materielle Erkennen» beruht darauf, daß der Mensch durch seine Sinne einen Eindruck von Dingen und Vorgängen der Außenwelt erhält. Er hat die Fähigkeit des Empfindens oder die Sensibilität. Der «von außen» empfangene Eindruck wird auch *Sensation* genannt. Daher kommen bei der «materiellen Erkenntnis» die vier Elemente in Betracht: Sensation, Bild, Begriff, Ich. – Bei der nächsthöheren Stufe des Erkennens fällt nun der Eindruck auf die äußeren Sinne, die «Sensation», weg. Ein äußerer Sinnesgegenstand ist nicht mehr vorhanden. Es bleiben also von den Elementen, an welche der Mensch von der gewöhnlichen Erkenntnis her gewöhnt ist, nur die drei: Bild, Begriff und Ich.

Das gewöhnliche Erkennen bildet bei einem gesunden Menschen kein Bild und keinen Begriff, wenn ein äußerer Sinnesgegenstand nicht vorhanden ist. Das «Ich» bleibt dann untätig. Wer sich Bilder formt, denen Sinnesgegenstände entsprechen sollen, wo in Wahrheit keine sind, lebt in Phantastik. – Nun aber erwirbt sich der Geheimschüler eben die Fähigkeit, Bilder zu formen, auch wo keine Sinnesgegenstände vorhanden sind. Es muß dann bei ihm an die Stelle des «äußeren Gegenstandes» ein anderer treten. Er muß Bilder haben können, auch wenn kein Gegenstand seine Sinne berührt. An die Stelle der «Sensation» muß etwas anderes treten. Dies ist die *Imagination.* Bei dem Geheimschüler auf dieser Stufe treten Bilder auf genau so, wie wenn ein Sinnesgegenstand auf ihn einen Eindruck machen würde; sie sind so lebhaft und wahr wie die Sinnesbilder, nur kommen sie nicht vom «Materiellen», sondern vom «Seelischen» und «Geistigen». Die Sinne bleiben dabei vollständig untätig. – Es ist einleuchtend, daß sich der Mensch diese Fähigkeit, *inhaltvolle Bilder* zu haben ohne Sinneseindrücke, erst erwerben muß. Es geschieht dies durch die Meditation, durch die Übungen, welche in den Darstellungen des Buches «Wie erlangt man Erkenntnisse der höheren Welten?» beschrieben worden sind. Der auf die Sinnenwelt beschränkte Mensch lebt nur in dem Umkreis einer Bilderwelt, welche erst durch die Sinne in ihn Einlaß gefunden haben. Der imaginative Mensch hat eine solche Bilderwelt, die von einer höheren Welt ihren Zufluß erhält. Es gehört eine sehr sorgfältige Schulung dazu, innerhalb dieser höheren Bilderwelt Täuschung von Wirklichkeit zu unterscheiden. Nur zu leicht sagt sich der Mensch, wenn solche Bilder zunächst vor seine Seele hintreten: «Ach, das sind ja nur Einbildungen, bloße Ausflüsse meines Vorstellungslebens.» Das ist nur zu begreiflich. Denn der Mensch ist zunächst ja daran gewöhnt, nur dasjenige «wirklich» zu nennen, was, ohne sein Zutun, ihm durch die feste Grundlage seiner Sinneswahrnehmung gegeben ist. Und er muß sich erst hineinfinden, Dinge für «wirkliche» zu nehmen, die von ganz anderer Seite veranlaßt werden. Und er kann auch darinnen nicht vorsichtig genug sein, wenn er nicht zum Phantasten werden will. Die Entscheidung darüber, was auf höherem Gebiete «wirklich» ist, was nur «Illusion», die kann nur von der *Erfahrung* kommen. Und man muß sich diese Erfahrung in einem stillen, geduldigen Innenleben aneignen. Zunächst muß man durchaus darauf gefaßt sein, daß einem die «Illusion» böse Streiche spielt. Überall lauern die Möglichkeiten, daß Bilder auftauchen, die nur auf Täuschungen der äußeren Sinne, des abnormen Lebens beruhen. Alle solche Möglichkeiten müssen zuerst hinweggeräumt werden. Man muß zuerst die Quellen der Phantastik ganz verstopfen, dann kann man erst zu der *Imagination* kommen. Ist man so weit, dann wird man allerdings sich klar darüber, daß die Welt, in die man in solcher Art eintritt, nicht nur so wirklich ist wie die sinnliche, sondern daß sie eine *viel wirklichere* ist.

Bei der *dritten* Stufe der Erkenntnis bleiben nun auch die Bilder weg. Der Mensch hat es nur noch mit «Begriff» und «Ich» zu tun. Hat er auf der zweiten Stufe noch eine Bilderwelt um sich, die erinnert an die Augenblicke, wo das lebhafte Gedächtnis sich die Eindrücke der Außenwelt vor die Seele zaubert, ohne selbst solche Eindrücke zu haben: auf der dritten Stufe sind auch solche Bilder nicht mehr vorhanden. Der Mensch lebt ganz in einer rein geistigen Welt. Wer nur gewöhnt ist, sich an die Sinne zu halten, wird versucht sein, zu glauben, daß diese Welt eine blasse, gespenstige sei. Das ist sie aber ganz und gar nicht. Auch die Bilderwelt der zweiten Stufe hat nichts Blasses, Schattenhaftes. So sind ja allerdings die Bilder zumeist, die im Gedächtnisse haften bleiben, wenn die äußeren Dinge weg sind. Aber die Bilder der Imagination sind von einer Lebhaftigkeit und Inhaltsfülle, mit der sich nicht nur die schattenhaften Erinnerungsbilder der Sinnenwelt nicht vergleichen lassen, sondern sogar nicht einmal die ganze bunte, wechselreiche Sinnenwelt selbst. Auch diese ist gegen das Reich der Imagination nur ein Schatten. – Und nun gar die Welt der dritten Erkenntnisstufe! Von ihrem Reichtum und ihrer Fülle gibt nichts in der Sinnenwelt eine Vorstellung. Was für die erste Stufe die Sensation, für die zweite die Imagination, das ist für sie die *«Inspiration»*. Die Inspiration gibt die Eindrücke, und das «Ich» formt die Begriffe. Will man durchaus mit dieser Welt etwas Sinnliches vergleichen, so kann nur die Tonwelt des Hörens zu einem solchen Vergleiche herangezogen werden. Aber nicht mit Tönen wie in der sinnlichen Musik hat man es zu tun, sondern mit einem rein «geistigen Tönen». Man beginnt zu «hören», was im Innern der Dinge vorgeht. Der Stein, die Pflanze usw. werden zu «geistigen Worten». Die Welt beginnt der Seele gegenüber ihr Wesen wirklich selbst auszusprechen. Es klingt grotesk, aber es ist wörtlich wahr: auf dieser Stufe des Erkennens «hört man *geistig* das Gras wachsen». Man vernimmt die Form des Kristalles als Klang; die sich öffnende Blüte «spricht» da zum Menschen. Der *Inspirierte* vermag das innere Wesen der Dinge zu künden; alle Dinge werden in neuer Art vor seiner Seele auferstehen. Er spricht eine Sprache, die aus einer anderen Welt stammt, und welche doch erst die alltägliche Welt begreiflich macht.

Auf der *vierten Erkenntnisstufe* endlich hört auch die Inspiration auf. Von den Elementen, die man vom alltäglichen Erkennen her gewohnt ist zu betrachten, ist nur noch das «Ich» dasjenige, welches in Betracht kommt. Der Geheimschüler merkt an einer ganz bestimmten inneren Erfahrung, daß er bis zu dieser Stufe aufgestiegen ist. Diese Erfahrung drückt sich darin aus, daß er das Gefühl hat: er stehe jetzt nicht mehr *außer* den Dingen und Vorgängen, welche er erkennt, sondern *innerhalb* derselben. Bilder sind nicht der Gegenstand; sie *drücken* ihn bloß *aus.* Auch was die Inspiration gibt, ist nicht der Gegenstand. Sie *spricht* ihn nur aus. Das aber, was jetzt in der Seele lebt, ist wirklich der Gegenstand selbst. Das Ich hat sich ergossen über alle Wesen; es ist mit ihnen zusammengeflossen. Das *Leben* der Dinge in der Seele ist nun die *Intuition.* Es ist eben ganz wörtlich zu nehmen, wenn man von der Intuition sagt: man kriecht durch sie in alle Dinge hinein. – Im gewöhnlichen Leben hat der Mensch nur *eine* Intuition, das ist diejenige des «Ich» selber. Denn das «Ich» kann auf keine Weise von außen wahrgenommen werden, es kann nur im Innern erlebt werden. Eine einfache Erwägung kann das klarmachen. Es ist dies eine Erwägung, die allerdings von den Psychologen nicht mit der wünschenswerten Schärfe gemacht wird. So unscheinbar sie aber ist: für den, der sie ganz versteht, ist sie von der allerweittragendsten Bedeutung. Sie ist die folgende: Ein jedes Ding der Außenwelt kann von allen Menschen mit demselben Namen genannt werden. Der Tisch kann von allen mit «Tisch», die Tulpe von allen mit «Tulpe», der Herr Müller von allen mit «Herr Müller» angesprochen werden. Aber es gibt ein Wort, das jeder nur zu sich selbst sprechen kann. Dies ist das Wort «Ich». Kein anderer kann zu mir «Ich» sagen, für jeden anderen bin ich ein «Du». Ebenso ist jeder andere für mich ein «Du». Nur er selbst kann zu sich «Ich» sagen. Das rührt davon her, daß man nicht *außer,* sondern *in* dem «Ich» lebt. Und so lebt man durch die *intuitive* Erkenntnis in allen Dingen. Die Wahrnehmung des eigenen «Ich» ist das Vorbild für alle intuitive Erkenntnis. Um so in die Dinge hineinzukommen, muß man allerdings erst aus sich selbst heraustreten. Man muß «selbstlos» werden, um mit dem «Selbst», dem «Ich», einer anderen Wesenheit zu verschmelzen.

Meditation und Konzentration sind die sicheren Mittel, um zu dieser Stufe, ebenso wie zu den früheren, hinanzusteigen. Allerdings müssen sie in stiller, geduldiger Art geübt werden. Wer da glaubt, daß er tumultuarisch, mit Gewaltmitteln zu den höheren Welten steigen kann, der irrt sich. Und einem solchen Glauben würde sich derjenige hingeben, welcher erwartete, daß ihm die Wirklichkeit auf höheren Gebieten in ebensolcher Art entgegentritt wie in der Sinnenwelt. So lebhaft und reich auch die Welten sind, zu denen man hinansteigt, sie sind fein und subtil, während die Sinnenwelt grob und derb ist. Das Wichtigste, was man lernen muß, ist gerade die Gewöhnung daran, etwas ganz anderes «wirklich» zu nennen, als was man im Bereich der Sinne so bezeichnet. Und dies ist nicht ganz leicht. Deshalb wird so mancher, der den Geheimpfad so gerne gehen möchte, schon bei den ersten Schritten zurückgeschreckt. Er hat erwartet, daß ihm Dinge entgegentreten, welche sind wie Tische und Stühle, und er findet «Geister». Weil aber «Geister» nicht dicht sind wie Stühle und Tische, so kommen sie ihm als «Einbildungen» vor. Daran ist nichts anderes schuld als die Ungewohntheit. Man muß sich erst die rechte Empfindung für die geistige Welt erwerben, dann wird man das Geistige nicht bloß schauen, sondern auch *anerkennen.* Und ein großer Teil der Geheimschulung bezieht sich auf diese richtige Anerkennung und Einschätzung des Geistigen.

Man muß zunächst den Schlafzustand betrachten, wenn man Aufschluß erlangen will über die imaginative Erkenntnis. Solange der Mensch keine höhere Erkenntnisstufe erlangt hat als die *materielle,* lebt die Seele zwar während des Schlafes, aber sie kann in der Welt, in welcher sie schlafend lebt, nichts wahrnehmen. Sie ist in dieser Welt wie ein Blinder in der materiellen. Ein solcher lebt in der Welt des Lichtes und der Farben; aber er nimmt sie nicht wahr. – Von den äußeren Sinnesorganen, dem Auge, dem Ohr, der gewöhnlichen Gehirntätigkeit usw. hat sich die Seele im Schlafe zurückgezogen. Sie erhält durch die Sinne keine Eindrücke. Was tut sie nun während des Schlafes? Klar muß man sich darüber sein, daß die Seele während des Wachens in einer fortwährenden Tätigkeit ist. Sie empfängt die äußeren Sinneseindrücke und verarbeitet sie: das ist ihre Tätigkeit. Diese stellt sie während des Schlafes ein. Aber sie ist keineswegs untätig. Sie arbeitet schlafend an dem eigenen Leibe. Dieser wird ja während der wachen Tagesarbeit abgenützt. Das drückt sich in der Ermüdung aus. Und während des Schlafes beschäftigt sich die Seele mit dem eigenen Leib, um ihn für weitere wache Tagesarbeit wieder geeignet zu machen. Man sieht daraus, wie wesentlich der richtige Schlaf dem Gedeihen des Leibes ist. Ein Mensch, der nicht entsprechend schläft, läßt seine Seele an dem Leibe nicht die notwendige Verbesserungsarbeit tun. – Und die Folge davon muß sein, daß der Leib herunterkommt. – Die Kräfte, mit denen die Seele während des Schlafes am Leibe arbeitet, sind dieselben, durch welche sie auch im Wachzustande tätig ist. Nur werden sie in dem letzteren dazu verwendet, die Eindrücke der äußeren Sinne aufzunehmen und sie zu verarbeiten.

Tritt nun die imaginative Erkenntnis beim Menschen ein, so muß ein Teil der im Schlafe auf den Leib gewendeten Kräfte in einer anderen Art verbraucht werden. Durch diese Kräfte werden nunmehr die geistigen Sinnesorgane gebildet, die es ermöglichen, daß die Seele in einer höheren Welt nicht bloß lebt, sondern auch wahrnimmt. So arbeitet die Seele schlafend an sich, nicht mehr bloß an ihrem Leibe. Bewirkt wird diese Arbeit durch die Meditation und Konzentration sowie durch andere Übungen. Es ist schon öfters in diesen Aufsätzen über höhere Erkenntnis gesagt worden, daß die besonderen Anweisungen über solche Übungen nur von Mensch zu Mensch gegeben werden. Niemand sollte auf eigene Hand diese Übungen unternehmen, denn nur wer Erfahrung auf diesem Gebiete hat, kann ermessen, welche Wirkung bei dem einen oder dem anderen Menschen sich einstellen muß, wenn er es unternimmt, seine Seelenarbeit von dem Leibe abzuziehen und in einer höheren Art anzuwenden.

Meditation, Konzentration und andere Übungen bewirken, daß die Seele sich für eine Weile zurückzieht von ihrer Verbindung mit den Sinnesorganen. Sie ist dann in sich selbst versenkt. Ihre Tätigkeit ist nach innen gewendet. Im Anfange dieser Versenkung unterscheidet sich zwar diese ihre innere Tätigkeit nicht erheblich von der alltäglichen. Sie muß dieselben Vorstellungen, Gefühle und Empfindungen verwenden während der Innenarbeit, welche sie auch im gewöhnlichen Leben hat. Je mehr sie sich aber daran gewöhnt, gewissermaßen «blind und taub» gegenüber der sinnlichen Umgebung zu sein, je mehr sie in sich lebt, desto fähiger macht sie sich zu innerer Leistung. Und was sie bei der Versenkung in das Innere geleistet hat, das trägt seine Früchte zunächst im Zustande des Schlafes. Ist die Seele des Nachts vom Leibe befreit, so wirkt das in ihr fort, was durch die Übungen am Tage angeregt worden ist. Es bilden sich in ihr Organe, durch welche sie mit einer höheren Umgebung gerade so in Verbindung kommt wie vorher durch die äußeren Sinnesorgane mit der körperlichen Umwelt. Aus dem Dunkel der nächtlichen Umgebung treten die Lichterscheinungen der höheren Welt heraus. Zart und intim ist dieser Verkehr zunächst. Und der Mensch muß durchaus damit rechnen, daß für eine lange Zeit beim Aufwachen das Licht des Tages sofort wieder einen dichten Vorhang zieht vor die Erlebnisse der Nacht. Die *Erinnerung,* daß man in der Nacht wahrgenommen hat, tritt nur ganz langsam und allmählich ein. Denn der Schüler lernt nicht leicht auf die zarten Gebilde seiner Seele achten, die sich im Laufe seiner Entwickelung hineinmischen in die groben Erlebnisse des alltäglichen Sinneslebens. Anfangs erscheinen ihm solche Gebilde wie das, was man zufällige Eindrücke der Seele nennt. Alles kommt darauf an, daß er *unterscheiden* lernt, was er der gewöhnlichen Welt verdankt von dem, was durch seine eigene Wesenheit als Kundgebung höherer Welten sich darstellt. In einem stillen, in sich gekehrten Gemütsleben muß er sich diese Unterscheidung aneignen. Es ist notwendig, daß er sich erst ein Gefühl davon erwerbe, welches der Wert und die Bedeutung der intimen Seelengebilde ist, die wie «zufällige Einfälle» sich in das Tagesleben einmischen und welche doch Erinnerungen an den nächtlichen Verkehr in einer höheren Welt sind. Sobald man diese Dinge irgendwie grob anfaßt und sie mit dem Maßstab des Sinneslebens mißt, zerstieben sie.

Es ist aus obigem ersichtlich, daß durch die Arbeit in einer höheren Welt die Seele dem Leibe etwas von ihrer sonst fürsorglichen Tätigkeit entziehen muß. Sie überläßt denselben in einer gewissen Beziehung sich selbst. Er braucht einen Ersatz für das, was sie ihm vorher geleistet hat. Erhält er einen solchen Ersatz nicht, so kommt er in die Gefahr, verderblichen Kräften zu verfallen. Man muß sich nämlich darüber klar sein, daß der Mensch fortwährend den Einflüssen seiner Umgebung ausgesetzt ist. Er lebt ja nur durch die Einwirkungen dieser Umgebung. Zunächst kommen innerhalb der Umgebung die Reiche der sichtbaren Natur in Betracht. Der Mensch gehört dieser sichtbaren Natur an. Gäbe es um ihn herum nicht das Mineral-, Pflanzen-, Tierreich und dasjenige der anderen Menschen: er könnte nicht leben. Man denke sich den Menschen von der Erde hinweggehoben in den Weltenraum hinaus, er müßte als physischer Mensch sogleich zugrunde gehen, wie die Hand verdorrt, wenn man sie vom Leibe trennt. So stark die Illusion wäre, deren sich die menschliche Hand schuldig machte, wenn sie glaubte, sie könne ohne den Leib leben, so stark wäre auch die Täuschung, in welche der Mensch verfiele, wenn er behauptete, er könne ohne das Mineral-, Tier-, Pflanzenreich und ohne die anderen Menschen als physisches Wesen existieren. – Nun gibt es aber außer den genannten Reichen noch drei andere, die sich für gewöhnlich der menschlichen Aufmerksamkeit entziehen. Es sind die drei Elementarreiche. Sie stehen in einer gewissen Beziehung unter dem Mineralreiche. Es gibt Wesen, die es nicht bis zur mineralischen Verdichtung bringen, die aber deshalb nicht weniger da sind und ihre Wirkung auf den Menschen haben. (Man vergleiche über diese Elementarreiche, was über sie in den Aufsätzen «Aus der Akasha-Chronik» gesagt ist, sowie die Bemerkungen darüber in meiner «Theosophie».) Der Mensch ist somit Einflüssen aus Naturreichen ausgesetzt, die in einer gewissen Richtung unsichtbare genannt werden müssen. Wenn nun die Seele am Leibe arbeitet, so besteht ein wesentlicher Teil ihrer Tätigkeit darin, die Einflüsse der Elementarreiche so zu regeln, daß sie für den Menschen gedeihliche sind. – In dem Augenblicke nun, in dem die Seele ihre Tätigkeit zum Teil dem Leibe entzieht, können sich seiner verderbliche Kräfte aus den Elementarreichen bemächtigen. Darin besteht eine

Gefahr der höheren Entwickelung. Es muß daher dafür gesorgt werden, daß, sobald sich die Seele vom Körper zurückzieht, er durch sich selbst nur guten Einflüssen von seiten der elementaren Welt zugänglich ist. – Wird darauf nicht geachtet, so verkommt der gewöhnliche Mensch in einer gewissen Beziehung physisch und auch moralisch, trotzdem er den Zugang zu höheren Welten gewinnt. Während die Seele in höheren Gebieten lebt, nisten sich im dichten physischen Leib und im Ätherleib schädliche Kräfte ein. Dies ist der Grund, warum gewisse schlechte Eigenschaften, die vor der höheren Entwickelung durch die ausgleichende Wirkung der Seele niedergehalten worden sind, bei Mangel an Vorsicht zum Ausdruck kommen können. Menschen, welche vorher gute, moralische Naturen waren, können unter solchen Umständen dann, wenn sie an höhere Welten herantreten, allerlei niedrige Neigungen, erhöhte Selbstsucht, Unwahrhaftigkeit, Rachsucht, Zorn usw. usw. hervorkehren. – Niemand darf von dieser Tatsache sich zurückschrecken lassen, in die höheren Welten aufzusteigen; aber vorgesorgt muß werden, daß solche Dinge nicht eintreten. Die niedere Natur des Menschen muß gefestet und unzugänglich gemacht werden gefährlichen elementarischen Einflüssen. Das eben geschieht durch die bewußte Ausbildung gewisser Tugenden. Diese Tugenden werden in den theosophischen Handbüchern, welche von geistiger Entwickelung handeln, angegeben. Hier aber hat man den Grund, warum auf sie Sorgfalt gelegt werden muß. Es sind die folgenden.

Zuerst muß der Mensch in ganz bewußter Weise bei allen Dingen fortwährend darauf bedacht sein, das Bleibende, Unvergängliche von dem Vergänglichen abzusondern, und auf das erstere seine Aufmerksamkeit richten. In jedem Dinge und Wesen kann der Mensch ein Etwas vermuten oder erkennen, das bleibt, wenn die vergängliche Erscheinung entschwindet. Sehe ich eine Pflanze, dann kann ich sie zunächst betrachten, wie sie sich den Sinnen darbietet. Das soll man gewiß nicht versäumen. Und niemand wird das Ewige in den Dingen entdecken, der sich nicht zuerst mit dem Vergänglichen gründlich bekannt gemacht hat. Diejenigen, welche sich immer besorgt zeigen, daß dem Menschen, der den Blick auf das Geistig-Unvergängliche richtet, die «Frische und Natürlichkeit des Lebens» verlorengehe: sie wissen eben noch nicht, um was es sich dabei eigentlich handelt. Aber, wenn ich so die Pflanze anschaue, kann mir klarwerden, daß in ihr ein bleibender Lebenstrieb ist, der in einer neuen zum Vorschein kommen werde, wenn die gegenwärtige Pflanze längst zerstoben sein wird. Solche Art, sich zu den Dingen zu stellen, muß man in die ganze Verfassung seines Gemütes aufnehmen. – Dann muß man sein Herz auf das Wertvolle, Gediegene heften und dieses höher schätzen lernen als das Vorübergehende, Bedeutungslose. Man soll sich bei allen seinen Empfindungen und Handlungen den Wert vor Augen halten, den etwas im Zusammenhange eines Ganzen hat. – Zum dritten soll man *sechs* Eigenschaften in sich ausbilden: Kontrolle der Gedankenwelt, Kontrolle der Handlungen, Ertragsamkeit, Unbefangenheit, Vertrauen in die Umwelt und inneres Gleichgewicht. Kontrolle der Gedankenwelt erreicht man, wenn man sich bemüht, dem Irrlichtelieren der Gedanken und Empfindungen, die beim gewöhnlichen Menschen immer auf- und abwogen, entgegenzuarbeiten. Im alltäglichen Leben ist der Mensch nicht der Führer seiner Gedanken; sondern er wird von ihnen getrieben. Das kann natürlich auch gar nicht anders sein. Denn das Leben treibt den Menschen. Und er muß als ein Wirkender sich diesem Treiben des Lebens überlassen. Während des *gewöhnlichen* Lebens wird das gar nicht anders sein können. Will man aber in eine höhere Welt aufsteigen, so muß man sich wenigstens ganz kurze Zeiten aussondern, in denen man sich zum Herrn seiner Gedanken- und Empfindungswelt macht. Man stellt da einen Gedanken aus völliger innerer Freiheit in den Mittelpunkt seiner Seele, während sich sonst die Vorstellungen von außen aufdrängen. Dann versucht man alle aufsteigenden Gedanken und Gefühle fernzuhalten und nur das mit dem ersten Gedanken zu verbinden, von dem man selbst will, daß es dazu gehöre. Eine solche Übung wirkt wohltätig auf die Seele und dadurch auch auf den Leib. Sie bringt den letzteren in eine solche harmonische Verfassung, daß er sich schädlichen Einflüssen entzieht, wenn die Seele auch nicht unmittelbar auf ihn wirkt. – Kontrolle der Handlungen besteht in einer ähnlichen Regelung derselben durch innere Freiheit. Man beginnt gut damit, daß man sich anschickt, irgend etwas regelmäßig zu tun, wozu man durch das gewöhnliche Leben nicht gekommen wäre. In dem letzteren wird ja der Mensch von außen zu seinen Handlungen getrieben. Die kleinste Tat aber, die man aus der ureigensten Initiative heraus unternimmt, wirkt in der angegebenen Richtung mehr als alles, wozu man vom äußeren Leben gedrängt wird. – Ertragsamkeit ist das Entfernthalten von jener Stimmung, die man bezeichnen kann mit dem Wechsel zwischen «Himmelhoch jauchzend, zu Tode betrübt». Der Mensch wird hin- und hergetrieben zwischen allen möglichen Stimmungen. Die Lust macht ihn froh, der Schmerz drückt ihn herab. Das hat seine Berechtigung. Wer aber den Weg sucht zu höherer Erkenntnis, der muß sich in der Lust und auch im Schmerze mäßigen können. Er muß «ertragsam» werden. Maßvoll muß er sich den lusterregenden Eindrücken hingeben können und auch den schmerzlichen Erlebnissen: immer durch beides mit Würde hindurchschreiten. Von nichts sich übermannen, außer Fassung bringen lassen. Das begründet nicht Gefühllosigkeit, sondern macht den Menschen zum festen Mittelpunkt innerhalb der Lebenswellen, die rings um ihn auf- und niedersteigen. Er hat sich stets in der Hand.

Eine ganz besonders wichtige Eigenschaft ist der «Sinn für die Bejahung». Es kann ihn derjenige bei sich entwickeln, welcher das Augenmerk in allen Dingen auf die guten, schönen und zweckvollen Eigenheiten richtet und nicht in erster Linie auf das Tadelnswerte, Häßliche und Widerspruchsvolle. Es gibt eine schöne, in der persischen Dichtung vorhandene Legende von Christus, die zur Anschauung bringt, was mit dieser Eigenschaft gemeint ist: Ein toter Hund liegt an einem Wege. Unter den an ihm Vorübergehenden ist auch Christus. Alle anderen wenden sich ab von dem häßlichen Anblick, den das Tier bietet; nur Christus spricht bewundernd von den schönen Zähnen des Tieres. So kann man den Dingen gegenüber empfinden; in allem, auch dem

Widrigsten, mag sich für den, welcher ernstlich sucht, etwas Anerkennenswertes finden. Und das Fruchtbare an den Dingen ist ja nicht, was ihnen fehlt, sondern dasjenige, was sie haben. – Weiter ist bedeutsam, die Eigenschaft der «Unbefangenheit» zu entwickeln. Ein jeder Mensch hat ja seine Erfahrungen gemacht und sich dadurch eine bestimmte Menge von Meinungen gebildet, die ihm dann im Leben zur Richtschnur werden. So selbstverständlich es auf der einen Seite ist, sich nach seinen Erfahrungen zu richten, so wichtig ist es für den, welcher eine geistige Entwickelung zur höheren Erkenntnis hin durchmachen will, daß er sich stets den Blick frei erhält für alles Neue, ihm noch Unbekannte, das ihm entgegentritt. Er wird so vorsichtig wie irgend möglich sein mit dem Urteil: «das ist unmöglich», «das kann ja gar nicht sein». Mag ihm seine Meinung nach den bisherigen Erfahrungen was immer sagen: er ist in jedem Augenblick bereit, sich von etwas Neuem, das ihm entgegenkommt, zu einer anderen Meinung bringen zu lassen. Jede Eigenliebe der Meinung gegenüber muß schwinden. – Wenn die bisher genannten fünf Eigenschaften von der Seele erworben sind, dann stellt sich eine sechste ganz von selbst ein: das innere Gleichgewicht, die Harmonie der geistigen Kräfte. Der Mensch muß etwas in sich finden wie einen geistigen Schwerpunkt, der ihm Festigkeit und Sicherheit gibt gegenüber allem, was im Leben da- oder dorthin zieht. Man muß nicht etwa vermeiden, mit allem mitzuleben, alles auf sich wirken zu lassen. Nicht die Flucht vor den hin- und widerziehenden Tatsachen des Lebens ist das Richtige, sondern im Gegenteil: das volle Hingeben an das Leben und *trotzdem* die sichere, feste Bewahrung von innerem Gleichgewicht und Harmonie.

Endlich kommt für den Suchenden der «Wille zur Freiheit» in Betracht. Es hat ihn jemand, der zu allem, was er vollbringt, die Stütze und Grundlage in sich selbst findet. Er ist deshalb so schwer zu erringen, weil taktvoll der Ausgleich notwendig ist zwischen dem Öffnen des Sinnes gegenüber allem Großen und Guten und der gleichzeitigen Ablehnung eines jeglichen Zwanges. Man sagt so leicht: Einwirkung von außen und Freiheit vertragen sich nicht. Daß sie sich in der Seele vertragen: darauf kommt es aber gerade an. Wenn mir jemand etwas mitteilt, und ich nehme es unter dem Zwange seiner Autorität an: dann bin ich *unfrei.* Aber ich bin nicht minder unfrei, wenn ich mich verschließe vor dem Guten, das ich auf diese Art empfangen kann. Denn dann übt in der eigenen Seele das Schlechtere, das ich habe, auf mich einen Zwang aus. Und bei der Freiheit kommt es nicht allein darauf an, daß ich nicht unter dem Zwange einer äußeren Autorität stehe, sondern vor allen Dingen auch nicht unter derjenigen eigener Vorurteile, Meinungen, Empfindungen und Gefühle. Nicht blinde Unterwerfung unter das Empfangene ist das Richtige, sondern sich von ihm *anregen* lassen, es ganz unbefangen aufnehmen, um sich «frei» dazu zu bekennen. Eine fremde Autorität soll nicht anders als so wirken, daß man sich sagt: Ich mache mich gerade dadurch frei, daß ich ihrem Guten folge, das heißt, es zu dem meinigen mache. Und eine auf der Geheimwissenschaft fußende Autorität will auch gar nicht anders als in dieser Art wirken. Sie *gibt,* was sie zu geben hat, nicht um *selbst*

Macht über den Beschenkten zu gewinnen, sondern allein darum, daß der Beschenkte durch die Gabe reicher und freier werde.

Es ist auf die Bedeutung der angeführten Eigenschaften schon früher bei Besprechung der «Lotusblumen» hingewiesen worden. Dort wurde gezeigt, welche Beziehung sie zu der Entwickelung der zwölfblätterigen Lotusblume in der Herzgegend und der daran sich schließenden Strömungen des Ätherkörpers haben. Aus dem jetzt Gesagten ist ersichtlich, daß sie im wesentlichen die Aufgabe haben, dem physischen Körper des Suchenden jene Kräfte entbehrlich zu machen, die ihm sonst während des Schlafzustandes zugute kommen und die ihm wegen der Ausbildung entzogen werden müssen. Unter solchen Einwirkungen entwickelt sich die *imaginative Erkenntnis.*

Es ist ganz unmöglich, wirkliche Fortschritte in bezug auf das Vordringen in höhere Welten zu machen, ohne durch die Stufen der *imaginativen* Erkenntnis hindurchzugehen. Damit soll allerdings nicht gesagt sein, daß bei der Geheimschulung der Mensch eine gewisse Zeit hindurch auf dieser Stufe der Imagination unbedingt stehenbleiben müsse, so daß diese so etwas wie eine Schulklasse bilden müsse, die man abzusitzen hat. Es kann dies in gewissen Fällen notwendig sein, muß es aber durchaus nicht. Das hängt ganz davon ab, was der Geheimschüler erlebt hat, bevor er in die Geheimschulung eintritt. Es wird sich im weiteren Verlaufe dieser Auseinandersetzungen zeigen, daß in bezug darauf die geistige Umgebung des Geheimschülers von Bedeutung ist und daß sich auf das Verhältnis zur geistigen Umgebung sogar ganz verschiedene Methoden des «Erkenntnispfades» begründen.

Es kann von außerordentlicher Wichtigkeit sein, das Folgende zu wissen, wenn man sich auf den Weg der Geheimschulung begibt. Nicht nur als eine interessante Theorie kommt es in Betracht, sondern als etwas, dem man die mannigfaltigsten praktischen Gesichtspunkte wird entnehmen können, wenn man auf dem «Wege zur höheren Erkenntnis» wirklich bestehen will.

Man hört ja von solchen, welche eine höhere Entwickelung anstreben, oft sagen: Ich möchte mich geistig vervollkommnen, ich möchte «den höheren Menschen» in mir ausbilden, aber nach den Erscheinungen der «astralen Welt» trage ich kein Verlangen. Dies ist begreiflich, wenn man in Betracht zieht, welche Schilderung von dieser «astralen Welt» sich in Büchern findet, die von diesen Dingen handeln. Da wird ja von Erscheinungen und Wesenheiten gesprochen, welche dem Menschen alle möglichen Gefahren bringen. Da wird gesagt, daß unter dem Einflusse solcher Wesenheiten der Mensch nur gar zu leicht an seiner moralischen Gesinnung und intellektuellen Gesundheit Schaden nehmen könne. Es wird dem Leser nahegebracht, daß auf diesem Gebiete die Scheidewand zwischen «dem guten und dem bösen Pfade» einem «Spinnewebchen» an Dicke gleichkomme und der Fall in unermeßliche Abgründe, der Absturz in völlige Verworfenheit nur allzu naheliege. – Es ist ganz gewiß unmöglich, solchen Behauptungen einfach zu widersprechen. Und doch ist der Standpunkt, den man in vielen Fällen dem Betreten des Geheimpfades gegenüber einnimmt, keineswegs ein richtiger. Der einzig mögliche Gesichtspunkt ist vielmehr lediglich derjenige, welcher sagt: wegen der Gefahren darf niemand abgehalten werden, den Weg zur höheren Erkenntnis zu gehen, aber es muß in jedem Falle streng dafür gesorgt werden, daß diese Gefahren bestanden werden können. Das wird in manchen Fällen allerdings dazu führen, daß einem Menschen, der von einem Geheimlehrer Anweisungen zur Schulung erbittet, zunächst der Rat gegeben wird, mit dieser eigentlichen Schulung noch zu *warten* und erst gewisse Erfahrungen des gewöhnlichen Lebens durchzumachen oder Dinge zu lernen, welche in der physischen Welt gelernt werden können. Es wird dann die Aufgabe des Geheimlehrers sein, dem suchenden Menschen die rechte Anleitung zu geben, um solche Erfahrungen zu sammeln und solche Dinge zu lernen. In weitaus den meisten Fällen wird man es erleben, daß der Geheimlehrer zunächst so verfährt. Wenn dann der Schüler nur genügend aufmerksam ist auf das, was ihm nun zustößt, nachdem er mit dem Geheimlehrer in Verbindung getreten ist, dann wird er das Mannigfaltigste bemerken können. Er wird finden, daß er nunmehr wie durch «Zufall» Erlebnisse hat und Dinge beobachten kann, denen er ganz gewiß ohne die Verbindung mit dem Geheimlehrer nicht ausgesetzt gewesen wäre. Wenn die Schüler das oft nicht bemerken und ungeduldig werden, dann liegt das nur darin, daß sie eben nicht die nötige Aufmerksamkeit ihren Erlebnissen zuwenden. Man muß auch durchaus nicht glauben, daß sich die Wirkung des Geheimlehrers auf den Schüler in deutlich wahrnehmbaren «Zauberkunststückchen» abspielt. Diese Wirkung ist vielmehr eine ganz intime Sache, und wer nach ihrer Natur und Wesenheit forschen will, ohne selbst schon eine gewisse Stufe der Geheimschulung erreicht zu haben, der wird ganz gewiß in die Irre gehen. Der Schüler fügt sich selbst in jedem Falle ein Unrecht zu, wenn er ungeduldig darüber wird, daß er auf «Wartezeit» gesetzt ist. Er wird dadurch in bezug auf die Schnelligkeit seines Weges durchaus nicht aufgehalten. Im Gegenteil, sein Vorwärtskommen würde gerade dadurch verlangsamt, wenn er zu früh mit der oft von ihm ungeduldig erwarteten Schulung beginnen würde.

Läßt der Schüler die «Wartezeit» oder die sonstigen Ratschläge und Winke des Geheimlehrers in der richtigen Art auf sich wirken, so bereitet er sich tatsächlich dazu vor, gewissen Prüfungen und Gefahren standzuhalten, die an ihn herankommen, wenn er der für ihn unvermeidlichen Stufe der Imagination entgegentritt. – Unvermeidlich ist diese Stufe aus dem Grunde, weil jeder, der eine Verbindung mit der höheren Welt ohne ihr Durchschreiten sucht, dies nur unbewußt tun kann und dazu verurteilt ist, im Dunkeln zu tappen. Man kann sich ein dunkles Gefühl von dieser höheren Welt ohne die Imagination erwerben, man kann ohne sie gewiß zur Empfindung kommen, daß man mit «seinem Gotte» oder mit «seinem höheren Selbst» vereinigt sei, aber zu einer wirklichen Erkenntnis mit vollem Bewußtsein in heller, lichter Klarheit kann man so nicht kommen. Deshalb ist auch alles Reden davon, daß man die Auseinandersetzungen mit den «niederen Welten» (der astralen und der devachanischen) nicht brauche, daß es sich nur darum handeln könne, daß der Mensch «den Gott in sich erwecke», nichts weiter als eine Illusion. – Wer damit zufrieden ist, dem soll in sein Streben nicht hineingeredet werden, und der Okkultist wird einem solchen auch nicht hineinreden. Aber der wahre Okkultismus hat mit solchem Streben gar nichts zu tun. Dieser fordert ja niemanden zur Schülerschaft unmittelbar auf. Wer aber seine Schulung *sucht,* dem will er nicht bloß eine dunkle Empfindung von seiner «Gottähnlichkeit» erwecken, sondern er sucht ihm die geistigen Augen zu öffnen für das, was in höheren Welten wirklich vorhanden ist.

Gewiß ist ja in jedem Menschen das «göttliche Selbst» enthalten. Aber das ist ja doch in jedem Wesen der Fall. Im Stein, in der Pflanze, im Tier ist auch das «göttliche Selbst» enthalten und wirksam. Aber nicht darauf kann es ankommen, dies so ganz im allgemeinen zu fühlen und zu wissen, sondern darauf, wirklich in Verbindung zu treten mit den *Offenbarungen* dieses «göttlichen Selbstes». So wie derjenige nichts von der physischen Welt weiß, der sich nur immer wieder sagen kann: diese Welt enthält in sich verhüllt das «göttliche Selbst», so weiß auch derjenige nichts von höheren Welten, welcher das «göttliche Geisterreich» nur in verschwommener, unbestimmter Allgemeinheit sucht. Man soll seine Augen öffnen und die Offenbarung der Gottheit in den Dingen der physischen Welt, im Stein, in der Pflanze *anschauen*, nicht davon träumen, daß dies jedoch alles nur «Erscheinungen» seien und daß Gottes wahre Gestalt dahinter «verborgen» sei. Nein, Gott offenbart sich in seinen Schöpfungen, und wer Gott erkennen will, muß das Wesen dieser Schöpfungen erkennen lernen. Deshalb muß man auch das wirklich anschauen lernen, was in höheren Welten vorgeht und lebt, wenn man das «Göttliche» erkennen will. Das Bewußtsein, daß der «Gottmensch» in einem lebt, kann höchstens den Anfang bilden. Aber dieser Anfang wird, wenn er in rechter Weise erlebt wird, zum Antrieb, wirklich aufzusteigen in die höheren Welten. Das kann man aber nur, wenn man die geistigen «Sinne» dazu in sich ausbildet. Alles andere stellt sich ja doch nur auf den Standpunkt: Ich will bleiben, wie ich bin, und nur erreichen, was mir so zu erreichen möglich ist. Der Standpunkt des Okkultismus ist aber, ein anderer Mensch zu werden, damit man anderes als das Gewöhnliche schauen und erleben kann.

Und *dazu* ist eben der Durchgang durch die *imaginative* Erkenntnis notwendig. Es ist gesagt worden, daß diese Stufe der Imagination nicht aufgefaßt zu werden braucht wie eine Schulklasse, die man durchaus «absitzen» müsse. Das ist so zu verstehen, daß es namentlich in unsrem gegenwärtigen Leben Personen gibt, welche solche Vorbedingungen mitbringen, daß der Geheimlehrer bei ihnen gleichzeitig oder wenigstens *fast* gleichzeitig mit der imaginativen Erkenntnis die inspirierte und die intuitive hervorrufen kann. Aber es darf durchaus nicht so verstanden werden, als ob es irgend jemand geben könnte, dem der Durchgang durch die Imagination zu ersparen wäre.

Auf den Grund der Gefahr innerhalb der imaginativen Erkenntnis ist ja in meiner Schrift «Wie erlangt man Erkenntnisse der höheren Welten?» bereits hingedeutet worden. Dieser Grund liegt darin, daß der Mensch beim Eintritte in diese Welt gewissermaßen den Boden unter den Füßen verliert. Wodurch er in der physischen Welt Festigkeit hat, das geht ihm zunächst scheinbar ganz verloren. Nimmt man in dieser physischen Welt etwas wahr, so fragt man sich: Woher kommt diese Wahrnehmung? Man tut das ja zumeist unbewußt. Aber man ist sich eben «unbewußt» darüber klar, daß die Ursachen der Wahrnehmungen die Gegenstände «draußen im Raume» sind. Die Farben, die Töne, die Gerüche gehen von diesen Gegenständen aus. Man sieht nicht freischwebende Farben, man hört nicht Töne, ohne daß man sich bewußt werden könnte, an welchen Gegenständen diese Farben als Eigenschaften «haften», von welchen Gegenständen die Töne herrühren. Dieses Bewußtsein, daß die Gegenstände und Wesenheiten sie verursachen, gibt den physischen Wahrnehmungen und damit dem Menschen selbst Festigkeit und einen sicheren Halt. Hat jemand Wahrnehmungen ohne äußere Ursache, so spricht man von abnormen, krankhaften Zuständen. Man nennt solche ursachlose Wahrnehmungen Illusionen, Halluzinationen, Visionen.

Nun zunächst ganz äußerlich betrachtet besteht die ganze imaginative Welt aus solchen Halluzinationen, Visionen und Illusionen. Es ist gezeigt worden in «Wie erlangt man Erkenntnisse der höheren Welten?», wie durch die Geheimschulung künstlich solche Visionen usw. erzeugt werden. Durch das Hinlenken des Bewußtseins auf ein Samenkorn oder auf eine absterbende Pflanze werden gewisse Gestalten vor die Seele gezaubert, die nichts weiter zunächst sind als Halluzinationen. Die «Flammenbildung», von der dort gesagt wurde, daß sie in der Seele auftreten kann durch die Betrachtung einer Pflanze oder dergleichen und die sich nach einer Zeit ganz loslöst von der Pflanze, ist, äußerlich betrachtet, einer Halluzination gleich zu achten. Und so geht es noch weiter in der Geheimschulung, wenn man in die imaginative Welt eintritt. Das, wovon man gewöhnt war, daß es von den Dingen «draußen im Raum» ausgeht oder ihnen als Eigenschaft «anhaftet», die Farben, Töne, Gerüche usw., erfüllen nun freischwebend den Raum. Die Wahrnehmungen lösen sich los von allen äußeren Dingen und schweben frei im Raume oder fliegen darin herum. Und man weiß dabei doch ganz genau, daß die Dinge, die man da vor sich hat, diese Wahrnehmungen nicht hervorgebracht haben, daß man sie vielmehr «selbst» verursacht hat. So kommt es, daß man meinen muß, man habe «den Boden unter den Füßen verloren».

Im gewöhnlichen Leben in der physischen Welt muß man sich ja gerade davor hüten, Vorstellungen zu haben, die nicht von den Dingen herrühren, die sozusagen ohne «Grund und Boden» sind. Zur Hervorrufung der imaginativen Erkenntnis aber kommt es gerade darauf an, zunächst Farben, Töne, Gerüche usw. zu haben, die ganz losgelöst von allen Dingen «frei im Raume schweben».

Nun muß die nächste Stufe der imaginativen Erkenntnis darin bestehen, einen neuen «Grund und Boden» für die herrenlos gewordenen Vorstellungen zu finden. Das muß eben in der anderen Welt geschehen, die sich jetzt offenbaren soll. Es bemächtigen sich neue Dinge und Wesenheiten dieser Vorstellungen. In der physischen Welt «haftet» zum Beispiel die blaue Farbe an einer Kornblume. In der imaginativen Welt darf sie nun auch nicht «freischwebend» bleiben. Sie *strömt* gleichsam zu einer Wesenheit hin, und während sie noch vorher herrenlos war, wird sie jetzt der Ausdruck einer Wesenheit. Es spricht etwas durch sie zu dem Beobachter, was dieser eben nur innerhalb der imaginativen Welt wahrnehmen kann. Und so sammeln sich die «freischwebenden» Vorstellungen um bestimmte Mittelpunkte. Und man wird gewahr, daß Wesen durch sie zu uns sprechen. Und wie es in der physischen Welt körperliche Dinge und Wesenheiten sind, an denen Farben, Gerüche und Töne usw. «haften» oder von denen sie herstammen, so sprechen sich jetzt «geistige Wesenheiten» durch sie aus. Diese «geistigen Wesenheiten» sind ja tatsächlich immer da; sie umschwirren den Menschen beständig. Aber sie können sich diesem nicht offenbaren, wenn er nicht die Gelegenheit dazu gibt. Und diese Gelegenheit gibt er nur dadurch, daß er in sich die Fähigkeit hervorruft, Töne, Farben usw. auch dann vor seiner Seele entstehen zu lassen, wenn diese durch keinen physischen Gegenstand veranlaßt werden.

Ganz anders sind die «geistigen Tatsachen und Wesenheiten» als die Dinge und Wesen der physischen Welt. Es ist nicht ganz leicht, in der gewöhnlichen Sprache einen Ausdruck zu finden, welcher die Verschiedenheit auch nur annähernd charakterisiert. Vielleicht kommt man der Sache am nächsten, wenn man sagt: in der imaginativen Welt spricht alles so zum Menschen, wie wenn es unmittelbar intelligent wäre, während in der physischen Welt auch die Intelligenz nur auf dem Umwege durch die physische Körperlichkeit sich offenbaren kann. Das macht eben die Beweglichkeit und Freiheit der imaginativen Welt aus, daß das Zwischenglied der äußeren Dinge fehlt, daß das Geistige ganz unmittelbar in den freischwebenden Tönen, Farben usw. sich auslebt.

Nun liegt der Grund zu einer Gefahr, welche dem Menschen von dieser Welt droht, darin, daß er die Äußerungen der «geistigen Wesen» wahrnimmt, aber nicht diese Wesen selbst. Es ist das nämlich so lange der Fall, als er nur in der imaginativen Welt bleibt und zu keiner höheren aufsteigt. Erst die Inspiration und die Intuition führen ihn allmählich zu diesen Wesen selbst hin. – Wollte aber der Geheimlehrer diese letzteren vorschnell erwecken, ohne den Schüler gründlich in das imaginative Gebiet einzuführen, dann würde die höhere Welt nur ein schatten- und schemenhaftes Dasein erhalten. Die ganze herrliche Fülle der Bilder ginge verloren, in denen sie sich offenbaren muß, wenn man wirklich in sie eintreten soll. – In dieser Tatsache liegt der Grund, warum der Geheimschüler einen «Führer» oder einen «Guru» braucht, wie man in der Geheimwissenschaft eben diesen Führer nennt.

Für den Schüler ist nämlich die imaginative Welt anfangs wirklich eine bloße «Bilderwelt», von der er vielfach nicht weiß, was sie ausdrückt. Der Geheimlehrer aber weiß, auf welche Dinge und Wesenheiten sich diese Bilder in einer noch höheren Welt beziehen. Hat der Schüler zu ihm Vertrauen, so kann er wissen, daß sich ihm später Zusammenhänge offenbaren werden, welche er vorläufig noch nicht durchschaut. In der physischen Welt waren die Gegenstände im Raume selbst die Führer. Er war imstande, die Richtigkeit seiner Vorstellungen zu prüfen. Die körperliche Wirklichkeit ist der «Fels», an dem alle Halluzinationen und Illusionen zerschellen müssen. Dieser Fels verschwindet in einen Abgrund, wenn man in die imaginative Welt eintritt. Und deshalb muß als ein anderer solcher «Fels» der «Führer» eintreten. An dem, was er dem Schüler zu bieten vermag, muß dieser die Wirklichkeit der neuen Welt empfinden. Man kann daraus ermessen, wie groß das Vertrauen in den Führer sein muß in jeder Geheimschulung, welche dieses Namens wirklich wert ist. Sobald man an den Führer nicht mehr glauben kann, ist es ja in dieser höheren Welt so, wie wenn einem in der physischen plötzlich alles genommen würde, worauf man den Glauben an die Wirklichkeit seiner Wahrnehmungen gebaut hat.

Außer dieser einen Tatsache gibt es nun noch eine andere, durch welche der Mensch in Verwirrung gesetzt werden könnte, wenn er sich ohne Führung in die imaginative Welt begeben wollte. Es lernt nämlich der Geheimschüler von allen geistigen Wesenheiten in erster Linie sich selbst kennen. In dem physischen Leben hat der Mensch Gefühle, Begierden, Wünsche, Leidenschaften, Vorstellungen usw. Zwar werden diese alle von den Dingen und Wesenheiten der äußeren Welt veranlaßt, aber der Mensch weiß ganz genau, daß sie seine innere Welt bilden, und er unterscheidet sie als das, was in seiner Seele vorgeht, von den Gegenständen der Außenwelt. Sobald aber der imaginative Sinn erweckt ist, hört diese Leichtigkeit des Unterscheidens ganz auf. Seine eigenen Gefühle, Vorstellungen, Leidenschaften usw. treten buchstäblich aus ihm heraus, nehmen Gestalt, Farbe und Ton an. Er steht ihnen jetzt so gegenüber wie in der physischen Welt ganz fremden Gegenständen und Wesenheiten. Und daß die Verwirrung eine vollständige werden kann, wird man begreifen, wenn man sich an das erinnert, was in dem Kapitel «Über einige Wirkungen der Einweihung» in «Wie erlangt man Erkenntnisse der höheren Welten?» gesagt worden ist. Dort ist ja nichts anderes geschildert als die Art, wie die imaginative Welt für den Beobachter auftritt. Es erscheint nämlich in ihr alles umgekehrt, wie im Spiegelbilde. Was vom Menschen ausströmt, erscheint so, als wenn es von außen an ihn herankommen wollte. Ein Wunsch, den er hegt, verwandelt sich in eine Gestalt, beispielsweise in die Form eines phantastisch aussehenden Tieres, oder auch wohl eines menschenähnlichen Wesens. Dieses scheint ihn zu bestürmen, einen Angriff auf ihn auszuführen oder ihn auch zu veranlassen, dieses oder jenes zu tun. So kann es kommen, daß der Mensch sich vorkommt als umgeben und umflattert von einer ganz phantastischen, oft reizvollen und verführerischen, oft auch grausigen Welt. In Wahrheit stellt diese nichts anderes vor als seine eigenen Gedanken, Wünsche und Leidenschaften, welche in Bilder verwandelt sind. – Man würde sich einem großen Irrtum hingeben, wenn man glauben wollte, daß die Unterscheidung dieses in Bilder verwandelten Selbstes von der wirklichen geistigen Welt leicht sei. Zunächst ist es für den Schüler geradezu unmöglich, diese Unterscheidung wirklich zu vollziehen. Denn es kann genau dasselbe Bild ebensogut von einem geistigen Wesen herrühren, welches zu dem Menschen spricht, wie von irgend etwas im Innern der Seele. Und übereilt der Mensch gerade dabei etwas, so setzt er sich der Gefahr aus, daß er die beiden Dinge nie ordentlich voneinander zu trennen lernt. Die größte Vorsicht ist dabei geboten. – Nur noch größer wird die Verwirrung dadurch, daß die eigenen Wünsche und Begierden der Seele sich in Bilder kleiden, die genau den entgegengesetzten Charakter von dem tragen, was sie wirklich sind. Man nehme zum Beispiel an, die *Eitelkeit* kleide sich auf diese Art in ein Bild. Sie kann auftreten als eine liebreizende Gestalt, welche die wunderbarsten Dinge verspricht, wenn man ausführt, was sie angibt. Diese ihre Angaben scheinen etwas durchaus Gutes, Erstrebenswertes in Aussicht zu stellen; folgt man ihnen, so stürzt man sich in sein moralisches oder sonstiges Verderben. Umgekehrt kann sich eine gute

Eigenschaft der Seele in ein unsympathisches Kleid hüllen. Nur dem wirklichen Kenner ist es möglich, da zu unterscheiden, und nur eine Persönlichkeit, die gar nicht wankend gemacht werden kann in bezug auf ein richtiges Ziel, ist sicher gegenüber den Verführungskünsten der eigenen Seelenbilder. – Man wird in Anbetracht von alledem zugeben, wie notwendig die Führung eines Lehrers ist, der mit sicherem Sinn den Schüler aufmerksam macht, was auf diesem Gebiet Trugbild und was Wahrheit ist. Nicht zu glauben aber braucht man, daß dieser Lehrer immer hinter dem Schüler stehen muß. Das räumliche Beisammensein mit dem Lehrer ist es durchaus nicht, worauf es beim Geheimschüler immer ankommt. Gewiß gibt es Augenblicke, wo ein solches räumliches Beisammensein wünschenswert, und auch solche, wo es durchaus notwendig ist. Aber anderseits findet der Geheimlehrer auch die Mittel, um mit dem Schüler in Verbindung zu bleiben, auch bei räumlicher Entfernung. Und zudem kommt in Betracht, daß manches, was zwischen Lehrer und Schüler auf diesem Gebiete bei einem Beisammensein vorgeht, oftmals monate-, vielleicht jahrelang nachwirken kann. Eines aber gibt es, was sicher den notwendigen Zusammenhang zwischen Lehrer und Schüler zerreißen muß. Das tritt dann ein, wenn der letztere das Vertrauen zu dem ersteren verliert. – Und besonders schlimm ist es, wenn dieses Vertrauensband sich löst, ehe der Schüler unterscheiden gelernt hat die Vorspiegelungen der eigenen Seele von der wahren Wirklichkeit.

Nun könnte man vielleicht sagen: ja, wenn auf diese Art ein solches Gebundensein an den Lehrer eintritt, so verliert ja der Geheimschüler alle Freiheit und Selbständigkeit. Er gibt sich sozusagen dem Lehrer ganz in die Hand. Doch gerade dies ist in Wahrheit gar nicht der Fall. Allerdings gibt es Unterschiede in bezug auf die Abhängigkeit vom Lehrer in den verschiedenen Methoden der okkulten Schulung. Diese Abhängigkeit kann eine größere oder geringere sein müssen. Sie ist die verhältnismäßig größte bei derjenigen Methode, welche von den Okkultisten des Orients befolgt wurde und von diesen auch heute noch als die ihrige gelehrt wird. In viel geringerem Maße ist diese Abhängigkeit von einem Menschen schon bei der sogenannten christlichen Einweihung vorhanden. Und eigentlich völlig in Wegfall kommt sie bei demjenigen Erkenntnispfade, der seit dem vierzehnten Jahrhundert von den sogenannten Geheimschulen der Rosenkreuzer angegeben wird. Bei diesem kann zwar nicht der Lehrer wegfallen, denn das ist unmöglich. Aber es hört wahrhaft jede Abhängigkeit von ihm auf. Wie das möglich ist, wird aus der Fortsetzung dieser Darstellung zu ersehen sein. Darinnen wird nämlich genau geschildert werden, wodurch sich diese drei «Erkenntnispfade» unterscheiden: der orientalische, der christliche und der rosenkreuzerische. Bei dem letzteren kommt nämlich gar nichts in Betracht, was einen modernen Menschen irgendwie in seinem Freiheitsgefühl stören könnte. Auch wird in dieser Fortsetzung geschildert werden, wie die eine oder die andere Person als Geheimschüler dazu kommen kann, auch gegenwärtig, im modernen Europa, nicht den rosenkreuzerischen Weg zu gehen, sondern den orientalischen oder den älteren christlichen, obgleich der rosenkreuzerische gegenwärtig der natürlichste ist. Dieser ist, wie man im weiteren Verlauf sehen wird, nicht etwa unchristlich. Es kann ihn ein Mensch gehen, ohne sein Christentum zu gefährden, und es kann ihn auch ein Mensch gehen, der auf der vollen Höhe moderner wissenschaftlicher Weltanschauung zu stehen vermeint.

Ein anderes könnte aber vielleicht noch der Erklärung bedürfen. Man könnte sich versucht fühlen zu fragen, ob denn nicht dem Geheimschüler erspart bleiben könnte, durch die Vorspiegelungen seiner eigenen Seele hindurchzugehen. Geschähe das, so würde er eben nie zu der für ihn so wünschenswerten selbständigen Unterscheidung kommen. Denn durch nichts kann die ganz eigenartige Natur der imaginativen Welt anschaulicher werden als durch die Betrachtung der eigenen Seele. Der Mensch kennt ja das Innenleben seiner Seele zunächst von der einen Seite. Er steckt eben darinnen. Und das muß ja der Geheimschüler gerade lernen: die Dinge nicht nur von außen anzuschauen, sondern sie so zu beobachten, als ob er in ihnen allen darinnensteckte. Tritt ihm nun seine eigene Gedankenwelt so wie etwas Fremdes entgegen, dann lernt er eben dadurch ein Ding, das er schon von einer Seite her kennt, auch noch von der anderen Seite kennen. Er muß gewissermaßen sich selbst das erste Beispiel einer solchen Erkenntnis werden. Von der physischen Welt her ist er ja an etwas ganz anderes gewöhnt. Da erblickt er alle anderen Dinge immer nur von außen, sich selbst aber erlebt er nur vom Innern. Er kann, solange er in der physischen Welt verbleibt, nie hinter die Oberfläche der Dinge hineinsehen. Und er kann niemals aus sich herausgehen, gleichsam «aus seiner eigenen Haut fahren», um *sich* von außen zu beobachten. Das letztere obliegt ihm buchstäblich bei der Geheimschulung zuerst, und mit Hilfe dessen lernt er dann, auch äußeren Tatsachen und Wesenheiten hinter die Oberfläche zu schauen.

Aus der Schilderung der *Imagination* ist ersichtlich geworden, wie durch sie der Geheimschüler den Boden der äußeren sinnlichen Erlebnisse verläßt. In einem noch viel höheren Grade ist dieses der Fall in der *Inspiration*. Bei ihr liegt dem Vorstellen noch viel weniger von dem zugrunde, was man als eine *äußere Anregung* bezeichnen kann. Der Mensch muß da in sich selbst die Kraft finden, welche es ihm möglich macht, über etwas sich Vorstellungen zu bilden. Er muß in einem viel höheren Grade innerlich tätig sein, als dies bei der äußeren Erkenntnis der Fall ist. Bei dieser gibt er sich eben den äußeren Eindrücken hin, und sie verursachen ihm die Vorstellungen. *Diese* Hingabe fällt bei der Inspiration weg. Es liefern nunmehr keine Augen Farben, keine Ohren Töne usw. Aller Inhalt des Vorstellens muß gewissermaßen durch eigene Tätigkeit, also durch rein geistig-seelische Vorgänge geschaffen werden. Und in dasjenige, was so der Mensch durch die Tätigkeit seines Innern schafft, muß sich die Offenbarung der höheren wirklichen Welt hineinprägen. Ein eigenartiger Widerspruch scheint in einer solchen Beschreibung der höheren Erkenntniswelt aufzutreten. Der Mensch soll in einer gewissen Art der Schöpfer seiner Vorstellungen sein; und doch dürfen diese Vorstellungen selbstverständlich nicht seine Geschöpfe sein; sondern durch sie müssen sich die Vorgänge der höheren Welt ebenso zum Ausdruck bringen, wie sich in den Wahrnehmungen der Augen, Ohren usw. die Vorgänge der niederen Welt zum Ausdruck bringen. Es ist das aber ein Widerspruch, der sich in der Schilderung dieser Erkenntnisart finden muß. Denn das ist es gerade, was sich der Geheimschüler auf dem Wege zur Inspiration aneignen muß, daß er auf dem Wege seiner inneren Tätigkeit etwas zustande bringt, wozu er in dem gewöhnlichen Leben von außen gezwungen wird. – Warum verlaufen im gewöhnlichen Leben die Vorstellungen nicht willkürlich? Weil der Mensch sich bei seinem Vorstellen nach den äußeren Gegenständen richten muß. Alle Willkür des «Ich» fällt weg, weil die Gegenstände sagen: so oder so sind wir. Da sprechen die Gegenstände, wie sie vorgestellt werden sollen, das «Ich» hat nichts darüber zu bestimmen. Wer sich den Gegenständen nicht fügen will, der stellt sich eben Unrichtiges vor; und er würde bald gewahr werden, wie wenig er damit in der Welt zurechtkäme. Man kann dieses notwendige Verhalten des Menschen zu den Dingen der Außenwelt in der Erkenntnis mit dem Ausdruck «selbstlos» bezeichnen. Der Mensch muß sich selbstlos zu den Dingen verhalten. Und die Außenwelt ist sein Lehrmeister in dieser Selbstlosigkeit. Sie benimmt ihm alle Illusionen, alle Phantastereien, alle unlogischen Urteile, alles Unsachliche, indem sie ihm einfach ihr richtiges Bild vor die Sinne stellt.

Will der Mensch sich für die Inspiration vorbereiten, so muß er sein Inneres so weit bringen, daß ihm diese Selbstlosigkeit eigen ist, auch wenn nichts von außen dazu zwingt. Er muß innerlich *schaffen* lernen, jedoch so, daß sein «Ich» bei diesem Schaffen nicht im geringsten eine eigenmächtige Rolle spielt. Die Schwierigkeiten, welche in Betracht kommen, um eine solche

Selbstlosigkeit zu erringen, werden um so deutlicher sichtbar, je besser man berücksichtigt, welche Seelenkräfte für die Inspiration besonders in Betracht kommen. – Man unterscheidet die drei Grundkräfte des seelischen Lebens: Vorstellen, Fühlen und Wollen. Bei dem gewöhnlichen Sinneserkennen sind die Vorstellungen durch die äußeren Gegenstände angeregt. Und durch diese von außen angeregten Vorstellungen bekommen auch das Fühlen und das Wollen ihre bestimmten Richtungen. Der Mensch sieht zum Beispiel einen Gegenstand; dieser bereitet ihm *Lust,* infolgedessen begehrt er die betreffende Sache. Die *Lust* sitzt im Gefühle; durch dieses wird der Wille erregt, wie es selbst sein Gepräge von dem Vorstellen erhalten hat. Der letzte Grund aber von Vorstellen, Fühlen und Wollen ist der äußere Gegenstand. – Ein anderer Fall wäre dieses. Ein Mensch erlebt ein Ereignis. Dieses bereitet ihm Angst. Er läuft von dem Schauplatze des Ereignisses hinweg. Auch hier sind die äußeren Vorgänge der erste Grund; sie kommen durch die Sinne zur Wahrnehmung, werden Vorstellungen, das Gefühl der Angst stellt sich ein; und der Wille – der sich im Davonlaufen verwirklicht – ist die Folge. Bei der Inspiration fällt ein äußerer Gegenstand in dieser Form weg. Die Sinne kommen für eine Wahrnehmung nicht in Betracht. Sie also können auch nicht die Anreger von Vorstellungen sein. Von dieser Seite aus wird auf Fühlen und Wollen kein Einfluß ausgeübt. – Nun sind es aber gerade diese beiden, aus denen, wie aus einem Mutterboden, bei der Inspiration innerlich die Vorstellungen aufsteigen, gleichsam herauswachsen. Und es werden wahre Vorstellungen erwachsen, wenn der Mutterboden ein gesunder ist, Irrtümer und Wahngebilde, wenn er ein ungesunder ist.

So gewiß als die Inspirationen, welche aus einem gesunden Fühlen und Wollen entspringen, Offenbarungen einer höheren Welt sein können, so gewiß entspringen aus einem wüsten Fühlen und Wollen die Irrtümer, Täuschungen und Phantastereien über eine höhere Welt.

Die Geheimschulung stellt sich deshalb die Aufgabe, dem Menschen die Mittel zu zeigen, welche ihn befähigen, seine Gefühle und seine Willensimpulse zu gesund-fruchtbaren für die Inspiration zu machen. Wie in allen Dingen der Geheimschulung hat man es auch hier mit einer *intimen* Regelung und Gestaltung des Seelenlebens zu tun. Man muß sich zunächst gewisse Gefühle aneignen, die man im gewöhnlichen Leben nur in einem geringen Grade kennt. Es sollen hier einige von diesen Gefühlen angedeutet werden. Zu den wichtigsten gehört eine höhere Empfindlichkeit gegenüber von «wahr» und «unwahr» , von «richtig» und «unrichtig». Gewiß hat ja auch der gewöhnliche Mensch ähnliche Gefühle. Sie müssen aber eben bei dem Geheimschüler in einem *viel* höheren Maße ausgebildet werden. Man nehme an, jemand begehe einen logischen Fehler: ein anderer sieht diesen Fehler ein, und er stellt die Sache richtig. Man mache sich klar, wie groß der Anteil des Urteiles, des Verstandes bei einem solchen Richtigstellen ist und wie gering das Gefühl der *Lust* beim Richtigen, der *Unlust* beim Unrichtigen.Wohlgemerkt, es soll durchaus nicht behauptet werden, daß die Lust und entsprechend die Unlust gar nicht vorhanden seien. Aber der *Grad,* in dem sie im gewöhnlichen Leben vorhanden sind, muß sich in der Geheimschulung ins Unbegrenzte steigern. Ganz systematisch muß der Geheimschüler die Aufmerksamkeit auf sein Seelenleben lenken: und er muß es dahin bringen, daß ihm das logisch Unrichtige eine Quelle des *Schmerzes* wird, der durchaus nicht hinter einem physischen Schmerze zurückbleibt; und in umgekehrter Art muß ihm das «Richtige» wirkliche Freude oder Lust bereiten. Wo also ein anderer nur seinen Verstand, seine Urteilskraft in Bewegung bringt, muß der Geheimschüler lernen, die ganze Stufenfolge von Gefühlen, vom Schmerz bis zum Enthusiasmus, von der wehevollen Spannung bis zur entzückenden Lösung im Besitz der Wahrheit zu durchleben. Ja, er muß etwas wie Haß empfinden lernen gegen dasjenige, was beim «normalen» Menschen nur als ein nüchtern-kaltes «Unrichtiges» erlebt wird; er muß eine *Liebe* zur Wahrheit in sich entwickeln, welche einen ganz persönlichen Charakter trägt; so persönlich, so warm wie der Liebende der Geliebten gegenüber empfindet. – Man wird ja gewiß auch in den Kreisen unserer «Gebildeten» vielfach von der «Liebe zur Wahrheit» reden; doch ist das, was man da meint, eben gar nicht zu vergleichen mit dem, was der Geheimschüler in stiller, innerer Seelenarbeit nach dieser Richtung durchmachen muß. Er muß sich geduldig immer wieder probeweise dieses oder jenes «Wahre», dieses oder jenes «Falsche» vorlegen; und sich der Sache hingeben, um nicht bloß seine Urteilskraft zu schulen, die nüchtern *unterscheidet* zwischen «wahr» und «falsch», sondern er muß zu dem allen ein ganz persönliches Verhältnis gewinnen. – Es ist durchaus richtig, daß der

Mensch im Anfange einer solchen Schulung in das verfallen kann, was man «Überempfindlichkeit» nennen mag. Ein unrichtiges Urteil, das er in seiner Umgebung hört, eine Inkonsequenz usw. können ihm einen schier unerträglichen Schmerz bereiten. – Es muß deshalb bei der Schulung auf diese Sache Rücksicht genommen werden. Denn geschähe das nicht: dann könnten sich allerdings große Gefahren für das Seelengleichgewicht des Schülers ergeben. Wird darauf gesehen, daß der Charakter fest bleibt, dann können Stürme im Seelenleben sich abspielen, und der Mensch hat doch die Kraft, in harmonischer Miene und Gebärde mit der Außenwelt zu leben. Ein Fehler ist in jedem Falle gemacht, wo der Geheimschüler zu einem Gegensatze gegenüber der Außenwelt gebracht wird, so daß er diese unerträglich findet oder gar aus ihr fliehen will. Die höhere Gefühlswelt darf sich nicht auf Kosten des gleichmäßigen Wirkens und Arbeitens in der Außenwelt entwickeln; deshalb muß der inneren Erhöhung des Gefühlslebens eine Stärkung der Widerstandskraft gegenüber den äußeren Eindrücken entsprechen. Die praktische Geheimschulung weist daher den Menschen an, niemals die obengenannten Übungen zur Schulung seiner Gefühlswelt zu unternehmen, ohne sich zugleich auch nach der Richtung zu entwickeln, daß er ein Verständnis dafür gewinnen könne, was das Leben an Toleranzempfindung von dem Menschen fordert. Er muß *zugleich* in sich den lebendigsten Schmerz empfinden können, wenn zum Beispiel ein Mensch ein unrichtiges Urteil abgibt, und vollkommen tolerant sein können gegen diesen Menschen, weil der Gedanke in der Seele ebenso lebhaft da ist: dieser

Mensch *muß* so urteilen, und es ist mit seinem Urteile wie mit einer *Tatsache* zu rechnen. – Richtig ist allerdings, daß das Innere des Geheimwissenschafters sich immer mehr und mehr zu einem Doppelleben umgestalten wird. Immer reichere Vorgänge werden sich in seiner Seele abspielen bei seiner Pilgerschaft durch das Leben, immer selbständiger gegenüber dem, was die äußere Welt gibt, wird eine zweite Welt. Aber dieses Doppelleben wird gerade das Fruchtbare sein für die echte Lebenspraxis. Was sich dadurch einstellt, ist Schlagfertigkeit des Urteiles, Treffsicherheit in bezug auf die Entschlüsse. Wo derjenige, der einer solchen Schulung fernesteht, lange Gedankenketten durchmachen muß, zwischen Entschluß und Ratlosigkeit hin- und hergetrieben wird, da wird der Geheimwissenschafter rasch die Lagen des Lebens überschauen, dem gewöhnlichen Blicke verborgene Zusammenhänge schnell aufdecken usw. Es gehört für ihn dann oft sogar viel Geduld dazu, sich in die langsame Art hineinzubegeben, wie ein anderer etwas begreifen kann, während bei ihm doch dieses Begreifen pfeilschnell vor sich geht.

Nun ist bisher nur gesprochen von den Eigenschaften, welche das Gefühlsleben erhalten muß, damit die Inspiration in der richtigen Art eintreten könne. Die andere Frage ist die: Wie werden die Gefühle fruchtbar, so daß sie aus sich wirkliche, der Inspirationswelt angehörige Vorstellungen gebären? Will man das einsehen, was die Geheimwissenschaft als Antwort auf diese Frage zu geben hat, so muß man sich mit der Tatsache bekannt machen, daß des Menschen Seelenleben immer einen gewissen Schatz von Gefühlen hat, welche über das Maß dessen hinausgehen, was durch die *sinnlichen* Wahrnehmungen angeregt wird. Der Mensch fühlt gleichsam mehr, als das ist, wozu ihn die Dinge zwingen. Nur wird in dem gewöhnlichen Leben dieses Übermaß in einer solchen Richtung angewendet, welche durch die Geheimschulung in eine andere verwandelt werden muß. Man nehme zum Beispiel ein Angst- oder Furchtgefühl. Man wird sich leicht klarmachen können, daß in vielen Fällen die Furcht oder die Angst größer ist, als sie sein würde, wenn sie einem entsprechenden äußeren Vorgange ganz angemessen wäre. Man stelle sich nun vor: der Geheimschüler arbeite energisch an sich, um in keinem ihm vorkommenden Falle größere Furcht oder Angst zu haben, als gegenüber den entsprechenden äußeren Vorgängen wirklich gerechtfertigt ist. Nun wird ein gewisses Maß von Furcht oder Angst immer aus der Aufwendung von Seelenkraft erzeugt. Diese Seelenkraft geht tatsächlich dadurch verloren, daß eben Furcht oder Angst erzeugt werden. Der Geheimschüler *erspart* diese Seelenkraft wirklich, wenn er sich die Furcht oder die Angst – und anderes – versagt. Und sie bleibt ihm für etwas anderes verfügbar. Wiederholt er solche Vorgänge oft, so wird aus den fortlaufend ersparten Seelenkräften ein innerer Schatz gebildet, und der Geheimschüler wird bald erleben, daß ihm aus solchen Gefühlsersparnissen die Keime zu Vorstellungen erwachsen, welche Offenbarungen des höheren Lebens zum Ausdrucke bringen. Dergleichen kann man im gewöhnlichen Sinne nicht «beweisen»; man kann nur dem Geheimschüler die Anweisung geben: tue dies oder jenes – und er wird, wenn er die Sache ausführt, schon sehen, daß sich die untrüglichen Früchte einstellen.

Einer ungenauen Betrachtung des soeben Geschilderten könnte es leicht als ein Widerspruch erscheinen, daß auf der einen Seite eine *Bereicherung* der Gefühlswelt gefordert wird, indem durch das, was sonst nur das Verstandesurteil wachruft, Gefühle der Lust, des Schmerzes usw. erregt werden sollen – und auf der anderen Seite gerade von *Ersparnissen* an Gefühlen gesprochen wird. Dieser Widerspruch verschwindet sofort, wenn man bedenkt, daß die Ersparnisse bei denjenigen Gefühlen gemacht werden sollen, welche durch die äußeren Sinne angeregt werden. Eben das, was da erspart wird, erscheint als Bereicherung gegenüber den geistigen Erlebnissen. Und es ist durchaus richtig, daß auf diese Art an der sinnlichen Wahrnehmungswelt ersparte Gefühle nicht nur auf dem anderen Gebiete freiwerden, sondern daß sie sich auf diesem Gebiete als *schöpferisch* erweisen. – Sie schaffen das Material zu den Vorstellungen, in denen sich die geistige Welt offenbart.

Es würde allerdings nicht besonders weit gehen, wenn man nur bei *solchen Ersparnissen* stehenbleiben wollte, wie sie oben angedeutet worden sind. Zu größeren Erfolgen ist noch mehr nötig. Man muß der Seele einen noch weit größeren Schatz von Gefühl-erzeugender Kraft zuführen, als auf *diesem* Wege möglich ist. Man muß zum Beispiel sich gewissen äußeren Eindrücken probeweise aussetzen und sich dann die Gefühle ganz versagen, die im sogenannten «normalen» Zustande eintreten. Man muß sich zum Beispiel einem Ereignisse gegenüberstellen, welches «normalerweise» die Seele erregt, und sich diese Erregung ganz und gar verbieten. Man kann das so machen, daß man sich tatsächlich einem solchen Ereignisse gegenüberstellt oder sich bloß mit der Vorstellung behilft. Das letztere ist sogar für die fruchtbare Geheimschulung das bessere. Da der Schüler ja in die *Imagination* eingeweiht wird, entweder vor seiner Vorbereitung zur Inspiration oder mit der letzteren gleichzeitig, so muß er eigentlich imstande sein, sich imaginativ ein Ereignis mit derselben Kraft vor die Seele zu stellen, wie wenn es wirklich da wäre. – Wenn nun in langer innerer Arbeit der Schüler sich immer wieder und wieder Dingen und Vorgängen aussetzt und es sich verbietet, entsprechende «normale» Gefühle zu haben, so wird in seiner Seele der Mutterboden für die Inspiration geschaffen. – Nur als Zwischenbemerkung sei hier angeführt, daß derjenige, welcher eine solche *Schulung zur Inspiration* beschreibt, es voll würdigen kann, wenn vom Standpunkte unserer gegenwärtigen Zeitbildung aus manches gegen eine solche Beschreibung eingewendet wird. Und man kann da nicht nur das oder jenes einwenden, sogar kann man überlegen lächeln und sagen: «Inspiration kann doch nicht pedantisch anerzogen werden; sie ist eine *Naturgabe des Genies.*» Ja gewiß, vom Standpunkte dieser Zeitbildung mag es recht komisch anmuten, wenn viel über die Heranbildung dessen geredet wird, bei dem diese Bildung von einer Erklärung nichts wissen will; aber diese Zeitbildung ist sich nicht bewußt, wie wenig sie ihre eigenen Gedankengänge zu Ende zu denken vermag. Wer es einem Bekenner dieser Zeitbildung zumuten wollte, daß er daran glauben solle, irgendein höher entwickeltes Tier habe sich nicht langsam entwickelt, sondern sei «plötzlich» da gewesen: der würde bald hören, daß der im modernen Sinne Gebildete an ein solches «Wunder» nicht glaube. So etwas sei «Aberglauben». Nun, auf dem Gebiete des Seelenlebens ist aber ein solcher modern Gebildeter, ganz im Stile seiner eigenen Ansichten, ein von krassem Aberglauben Befallener. Er will nämlich nicht daran denken, daß sich eine vollkommenere Seele auch entwickelt haben muß, das sie nicht plötzlich als eine Naturgabe da sein könne. Äußerlich erscheint allerdings manches Genie wie «aus dem Nichts» geboren, auf unerklärliche Weise da; doch erscheint es eben so nur für den materialistischen Aberglauben; der Geisteswissenschafter weiß, daß eine genialische Veranlagung, die in einem Leben bei einem Menschen wie aus dem Nichts heraus geboren ist, einfach die Folge von dessen Erziehung zur Inspiration in einem früheren Erdenleben ist. – Auf theoretischem Gebiete ist der materialistische Aberglaube schlimm; bei weitem schlimmer aber ist er noch auf einem solchen praktischen Gebiete wie hier. Da er annimmt, daß die Genies in alle Zukunft «vom Himmel fallen» müssen, kümmert er sich nicht um derlei «okkultistischen Unfug» oder solch «phantastische Mystik», die von Vorbereitung zur Inspiration sprechen. Dadurch hält aber der Aberglaube der Materialisten den wahren Fortschritt der Menschheit auf. Er sorgt nicht dafür, daß die in den Menschen schlummernden Fähigkeiten entwickelt werden.

In Wirklichkeit sind nämlich oft diejenigen, welche sich Fortschrittler und Freidenker nennen, solche, welche die Feinde der wahren Fortentwickelung sind. Doch dies soll – wie gesagt – nur eine Zwischenbemerkung sein, die notwendig ist mit Rücksicht auf das Verhältnis der Geheimwissenschaft zur gegenwärtigen Zeitbildung.

Nun würden die Seelenkräfte, welche durch das gekennzeichnete Sich-Versagen der «normalen» Gefühle als Schatz im Innern des Schülers sich aufspeichern, gewiß, auch ohne daß etwas anderes zu Hilfe käme, sich in Inspirationen umsetzen. Und der Geheimschüler würde erleben, wie in seiner Seele wahre Vorstellungen aufsteigen, welche Erlebnisse in höheren Welten darstellen. Mit den einfachsten Erfahrungen übersinnlicher Vorgänge würde die Sache beginnen, und langsam käme Komplizierteres und Höheres zum Vorschein, wenn der Schüler in der angedeuteten Richtung innerlich weiterlebte. – In Wirklichkeit wäre aber eine solche Geheimschulung heute ganz unpraktisch, und sie wird daher wohl nirgends durchgeführt, wo man ernsthaft zu Werke geht. Wollte nämlich der Schüler auf diese Art alles «aus sich selbst heraus» entwickeln, was die Inspiration geben kann: er würde ganz sicher dazu kommen, *alles* so aus sich «herauszuspinnen», was je zum Beispiel auch hier über das Wesen des Menschen, über des Menschen Leben nach dem Tode, über die Entwickelung des Menschengeschlechts und der Planeten usw. gesagt worden ist. Aber ein solcher Schüler würde eben unermeßlich lange Zeiträume dazu brauchen. Es wäre so, wie wenn zum Beispiel jemand die ganze Geometrie aus sich selbst herausspinnen wollte, ohne Rücksicht darauf, was Menschen vor ihm auf diesem Gebiete schon gearbeitet haben. Gewiß, «in der Theorie» ist so etwas durchaus möglich. In der Praxis es auszuführen, wäre Torheit. Auch in der Geheimwissenschaft verfährt man nicht so.

sondern man läßt sich durch einen Lehrer diejenigen Dinge überliefern, welche durch inspirierte Vorgänger für die Menschheit errungen worden sind. Diese Überlieferung muß gegenwärtig die Grundlage abgeben für die eigene Inspiration. Dasjenige, was in der einschlägigen Literatur und in Vorträgen usw. heute aus dem Gebiet der Geheimwissenschaft geboten wird, das kann durchaus eine solche Inspirationsgrundlage abgeben. Es sind zum Beispiel die Lehren über die verschiedenen Grundteile des Menschen (physischer Leib, Ätherleib, Astralleib usw.), die Erkenntnisse über das Leben nach dem Tode bis zu einer neuen Verkörperung, dann zum Beispiel alles, was unter dem Titel «Aus der Akasha-Chronik» gedruckt wurde. Man muß nämlich gegenüber der Inspiration durchaus festhalten, daß man sie braucht zum Auffinden und Selbsterleben der höheren Wahrheiten, nicht aber zum Verstehen derselben. Man kann ohne Inspiration das nicht zuerst auffinden, was unter dem Titel «Aus der Akasha-Chronik» mitgeteilt ist. Empfängt man es aber durch Mitteilung, dann kann man es einsehen durch das ganz gewöhnliche logische Urteil. Niemand sollte behaupten: es würden da Dinge behauptet, die man ohne Inspiration nicht logisch begreifen könne. Man findet sie nicht deshalb unbegreiflich, weil man nicht inspiriert ist, sondern nur, weil man nicht genügend nachdenken will. – Erhält man also solche Wahrheiten mitgeteilt, dann erregen sie in der Seele durch ihre eigene Kraft die Inspiration. Man muß nur versuchen, wenn man solcher Inspiration teilhaftig werden will, diese Erkenntnisse nicht nüchtern und verstandesmäßig zu empfangen, sondern sich von dem

Hochschwung der Ideen in alle nur möglichen Gefühlserlebnisse versetzen lassen. Und wie sollte man dies nicht können! Kann das Gefühl stumpf bleiben, wenn man die überwältigenden Vorgänge im Geiste vor sich vorüberziehen läßt, wie die Erde sich aus Mond, Sonne und Saturn entwickelt hat, oder wenn man die unendlichen Tiefen der Menschennatur durch eine Erkenntnis seines Äther-, Astralleibes usw. durchschaut? Man möchte fast sagen: schlimm genug für einen solchen, welcher in Nüchternheit solche Gedankengebäude erleben kann. Denn erlebte er sie nicht in Nüchternheit, sondern durchlebte er alle durch sie möglichen Gefühlsspannungen und Gefühlslösungen, alle Steigerungen und Krisen, alle Fortschritte und Rückschritte, alle Katastrophen und Verkündigungen: dann eben würde in ihm der Mutterboden zur Inspiration selbst zubereitet. Allerdings wird man das notwendige Leben in Gefühlen gegenüber solchen Mitteilungen aus einer höheren Welt nur wirklich entfalten können, wenn man Übungen solcher Art, wie sie oben angedeutet sind, macht. Wer alle seine Gefühlskräfte an die äußere sinnliche Wahrnehmungswelt wendet, dem werden die Erzählungen aus einer höheren Welt als «trockene Begriffe», als «graue Theorie» erscheinen. Er wird niemals begreifen können, warum es dem andern warm ums Herz wird, wenn er die Mitteilungen der Geheimwissenschaft vernimmt, während er doch «kühl bis ans Herz hinan» bleibt. Er wird sogar sagen: «Das ist doch alles nur für den Verstand, das ist intellektuell; ich möchte etwas für das Gemüt.» Er sagt sich aber nicht, daß es an ihm liegt, daß sein Herz kalt bleibt.

Viele unterschätzen noch immer die Gewalt dessen, was in diesen Mitteilungen aus einer höheren Welt allein schon verborgen liegt. Und im Zusammenhange damit überschätzen sie allerlei andere Übungen und Prozeduren. Ja, was nützt es mir, sagen sie, wenn mir andere erzählen, wie es in höheren Welten aussieht: ich möchte doch selbst da hineinschauen. Solchen fehlt nur zumeist die Geduld, sich immer wieder und wieder in solche Erzählungen aus höheren Welten zu vertiefen. Täten sie es, dann würden sie sehen, welche Zündekraft diese «bloßen Erzählungen» haben, und wie wirklich die eigene Inspiration angeregt wird, wenn man die Inspirationen anderer mitgeteilt erhält. – Gewiß, es müssen zum «Lernen» andere Übungen hinzukommen, wenn der Schüler rasche Fortschritte in dem Erleben der höheren Welten machen will; es sollte aber niemand die unbegrenzt große Bedeutung gerade des «Lernens» unterschätzen. Und jedenfalls kann niemandem Hoffnung gegeben werden, daß er durch irgendwelche Übungen rasche Eroberungen in den höheren Welten machen werde, der es nicht zugleich über sich bringt: unablässig sich in die *Mitteilungen* zu vertiefen, die, rein erzählend, von den Vorgängen und Wesen der höheren Welten von berufener Seite gemacht werden. – Dadurch, daß gegenwärtig solche Mitteilungen in der Literatur und in Vorträgen usw. gemacht werden, und daß auch die ersten Andeutungen gegeben werden über die Übungen, welche zur Erkenntnis höherer Welten führen (zum Beispiel sind eben die Darstellungen in «Wie erlangt man Erkenntnisse der höheren Welten?» solche erste Andeutungen), kann man jetzt einiges von dem erfahren, was ehedem nur in streng geschlossenen Geheimschulen mitgeteilt worden ist. Wie schon öfters erwähnt worden ist, rührt eine solche Veröffentlichung von den Verhältnissen in unserer Zeit her und muß geschehen. Es muß aber immer wieder auch das andere betont werden, daß dadurch zwar Erleichterungen in bezug auf das Aneignen des Geheimwissens geschaffen sind, daß aber die sichere Führung durch den erfahrenen Geheimlehrer doch noch nicht völlig zu ersetzen ist.

Die Erkenntnis durch Inspiration führt den Menschen zum Erleben der *Vorgänge* in den unsichtbaren Welten, also zum Beispiel der Entwickelung des Menschen, derjenigen der Erde und ihrer planetarischen Verkörperungen; kommen aber innerhalb dieser höheren Welten nicht bloß *Vorgänge,* sondern *Wesen* in Betracht, dann muß die *Intuition* als Erkenntnisart eintreten. Was durch solche Wesen geschieht, das erkennt man im Bilde durch die Imagination, den Gesetzen und Verhältnissen nach durch die Inspiration; will man den Wesen selbst gegenübertreten, dann braucht man die Intuition. – Wie sich die Inspiration hineingliedert in die Welt der Imaginationen, wie sie die letzteren durchdringt als eine «geistige Musik» und dadurch das Ausdrucksmittel der durch die Intuition zu erkennenden Wesen wird, davon soll noch gesprochen werden. Dann wird auch die Intuition selbst behandelt werden. Hier soll nur noch darauf hingewiesen werden, daß dasjenige, was man in der Geheimwissenschaft als «Intuition» bezeichnet, nichts zu tun hat mit dem, wofür man gegenwärtig oft im populären Sprachgebrauch das Wort «Intuition» anwendet. Man bezeichnet so einen mehr oder weniger unsicheren «Einfall» im Gegensatz zu einer klaren, folgerichtig gewonnenen Verstandes- oder Vernunfterkenntnis. In der Geheimwissenschaft ist die «Intuition» nichts Unklares und Unsicheres, sondern eine hohe Erkenntnisart, voll der lichtesten Klarheit und der unbezweifelbarsten Sicherheit.

Wie man die Imagination ein geistiges *Schauen* nennen kann, so die Inspiration ein geistiges *Hören.* Man muß allerdings bei diesem Ausdrucke «Hören» sich darüber klar sein, daß damit ein Wahrnehmen gemeint ist, welches dem sinnlichen Hören in der physischen Welt noch viel ferner steht als das «Schauen» in der imaginativen (astralen) Welt dem Sehen mit den physischen Augen. Von den Licht- und Farbenerscheinungen der letzteren Welt kann man sagen: sie seien so, wie wenn die leuchtenden Oberflächen und die Farben der sinnlichen Gegenstände sich von diesen abhöben und von ihnen losgelöst frei im Raume schwebten. Dies gibt aber doch nur eine annähernde Vorstellung. Denn der Raum der imaginativen Welt ist keineswegs so wie derjenige der physischen. Wer sich also einbildete, daß er imaginative Farbenbilder vor sich habe, wenn er freischwebende Farbenflocken mit gewöhnlicher Raumausdehnung sieht, der ist im Irrtum. Dennoch ist aber die Bildung von solchen Farbenvorstellungen der *Weg* zum imaginativen Leben. Wer versucht, sich eine Blume vorzustellen, und dann in seiner Vorstellung alles beiseite läßt, was nicht Farbenvorstellung ist, so daß vor seiner Seele ein Bild schwebt wie die von der Blume abgezogene farbige Oberfläche, der kann durch solche Übungen *allmählich* zu einer Imagination *gelangen.* Dies Bild selbst ist noch keine solche Imagination, sondern ein mehr oder weniger vorbereitendes Phantasiegemälde. Imagination – das ist wirkliches astrales Erlebnis – wird es erst, wenn nicht nur die Farbe ganz abgehoben ist von dem Sinneseindrucke, sondern wenn auch die dreidimensionale Raumausdehnung sich völlig verloren hat. Daß dies letztere der Fall ist, kann nur durch ein gewisses Gefühl wahrgenommen werden. Zu beschreiben ist dieses Gefühl nur dadurch, daß man sagt, man fühlt sich nicht mehr außerhalb, sondern *innerhalb* des Farbenbildes, und man hat das Bewußtsein, daß man an seiner Entstehung teilnimmt. Wenn dies Gefühl nicht da ist, wenn man sich also der Sache gegenüberstehend glaubt wie einem sinnlichen Farbenbild gegenüber, dann hat man es noch nicht mit einer wirklichen Imagination, sondern mit etwas Phantastischem zu tun. Damit soll jedoch nicht gesagt sein, daß solche Phantasiegemälde ganz wertlos seien. Sie können nämlich ätherische Abbilder – gleichsam Schatten – wirklicher astraler Tatsachen sein. Und als solchen kommt ihnen für die geheimwissenschaftliche Schulung immerhin einiger Wert zu. Sie können eine Brücke bilden zu den wahren astralen (imaginativen) Erlebnissen. – Eine gewisse Gefahr schließt ihre Beobachtung nur in sich, wenn der Beobachter an diesem Grenzgebiet zwischen Sinnlichem und Übersinnlichem seinen gesunden Menschenverstand nicht voll zur Anwendung bringt. Man soll nur nicht erwarten, daß irgend jemandem ein *allgemeines* Kennzeichen gegeben werden kann, wie er in diesem Grenzgebiete Illusion, Halluzination, Phantastik von Wirklichkeit unterscheiden könne. Bequem wäre ja eine solche allgemeine Regel. Aber Bequemlichkeit ist ein Wort, das der Geheimschüler in seinem Sprachschatze streichen sollte. – Man kann nur sagen, daß derjenige, welcher sich für dieses Gebiet Klarheit der Unterscheidung aneignen will, schon in dem gewöhnlichen Leben der physischen Welt darauf bedacht sein muß. Wer in diesem gewöhnlichen Leben keine Sorgfalt darauf verwendet, scharf und klar zu denken, der wird beim Aufsteigen in höhere Welten allen möglichen Illusionen zum Opfer fallen. Man bedenke nur, wie viele Fallen dieses gewöhnliche Leben dem gesunden Urteile bietet. Wie oft kommt es doch vor, daß die Menschen nicht das ungetrübt sehen, was ist, sondern was sie zu sehen begehren. In wie vielen Fällen glauben die Menschen etwas, nicht weil sie erkannt haben, sondern weil es ihnen angenehm ist, zu glauben. Oder welche Irrtümer ergeben sich, weil man einer Sache nicht auf den Grund geht, sondern sich vorschnell ein Urteil bildet. Alle diese Gründe von Täuschungen im gewöhnlichen Leben könnten durch andere schier ins Unendliche vermehrt werden. Was für Streiche spielen Parteinahme, Leidenschaft usw. usw. einem gesunden Urteile. Wenn derlei Urteilstäuschungen im gewöhnlichen Leben störend und oft verhängnisvoll sind: für die Gesundheit des übersinnlichen Erlebens sind sie die denkbar größte Gefahr. Nicht eine allgemeine Regel kann der Geheimschüler als Leitfaden mit in höhere Welten erhalten, sondern lediglich die Anweisung, für seine gesunde Unterscheidungskraft, für sein freies, unabhängiges Urteil alles Mögliche zu tun.

Wenn der Beobachter höherer Welten einmal weiß, was wirklich Imagination ist, dann erhält er auch sehr bald die Empfindung, daß die Bilder der astralen Welt nicht *bloße* Bilder, sondern die Kundgebungen geistiger Wesenheiten sind. Er lernt erkennen, daß er die imaginativen Bilder ebenso auf geistige oder seelische Wesenheiten zu beziehen hat wie die sinnlichen Farben auf sinnliche Dinge oder Wesenheiten. Im einzelnen wird er allerdings da noch viel zu lernen haben. Er wird unterscheiden müssen zwischen Farbengebilden, die wie undurchsichtig sind, und solchen, die ganz durchsichtig und wie in ihrem Innern ganz durchleuchtet sind. Ja, auch solche Gebilde wird er wahrnehmen, die ihr Farbenlicht gleichsam in ihrem Innern immer neu erzeugen, die also nicht nur ganz durchleuchtet und durchsichtig (transparent) sind, sondern die immerfort in sich selbst aufstrahlen. Und er wird die mehr undurchsichtigen Gebilde auf niedrige, die durchleuchteten auf mittlere Wesenheiten beziehen; die in sich aufstrahlenden Bilder werden ihm Kundgebungen höherer geistiger Wesenheiten sein.

Will man die Wahrheit der imaginativen Welt treffen, so darf man den Begriff des geistigen Schauens nicht zu eng fassen. Denn es finden sich in dieser Welt nicht etwa bloß Licht- und Farbenwahrnehmungen, die sich also den Gesichtserlebnissen der physischen Welt vergleichen lassen, sondern auch Eindrücke von Wärme und Kälte, von Geschmack und Geruch, ja noch andere Erlebnisse der imaginativen «Sinne», für die es etwas Ähnliches in der physischen Welt nicht gibt. Die Eindrücke des Warmen und Kalten sind in der imaginativen (astralen) Welt die Offenbarungen des Willens und der Absichten seelischer und geistiger Wesen. Ob ein solches Wesen etwas Gutes oder Böses bezweckt, das kommt in einer bestimmten Wärme- oder Kältewirkung zum Vorschein. Auch «schmecken» und «riechen» kann man die astralen Wesenheiten. – Nur dasjenige, was in eigentlichem Sinne das Physische des Tones und Schalles ausmacht, fehlt *fast* ganz in der wirklich imaginativen Welt. In dieser Beziehung herrscht da lautlose Stille. Dafür aber bietet sich etwas ganz anderes dem in der geistigen Beobachtung Fortschreitenden dar, was sich mit dem Tönen und Klingen, mit Musik und Sprache der sinnlichen Welt vergleichen läßt. Und gerade dann tritt dieses Höhere auf, wenn alles Tönen und Klingen der äußeren physischen Welt völlig verstummt, ja wenn auch der geringste innere seelische Nachhall an dieses Gebiet der äußeren Welt zum Schweigen gekommen ist. Dann tritt für den Beobachter das ein, was man ein *Verstehen der Bedeutung* der imaginativen Erlebnisse nennen kann. Wollte man dasjenige, was hier erfahren wird, mit etwas in der physischen Welt vergleichen, so könnte man nur zur Verdeutlichung etwas heranziehen, was es in dieser Welt gar nicht gibt. Man versuche sich einmal vorzustellen, daß man wahrnehmen könnte die Gedanken und Gefühle eines Menschen, *ohne* seine Worte mit dem physischen Ohre zu hören, so wäre ein solches Wahrnehmen zu vergleichen mit jenem unmittelbaren Verstehen des Imaginativen, das man als «Hören» in geistigem Sinne bezeichnet. Das «Sprechende» sind die Farben- und Lichteindrücke. In dem Aufglänzen und Verlöschen, in der Farbenwandlung der Bilder offenbaren sich Harmonien und Disharmonien, welche die Gefühle, Vorstellungen und Gedanken seelischer und geistiger Wesenheiten enthüllen. Und wie sich der Ton beim physischen Menschen zum Worte steigert, wenn sich ihm der Gedanke einprägt, so steigern sich die Harmonien und Disharmonien der geistigen Welt zu Offenbarungen, welche wesenhafte Gedanken selbst sind. Dazu muß es allerdings «dunkel werden» in dieser Welt, wenn der Gedanke in seiner Unmittelbarkeit sich offenbaren soll. Das hier auftretende Erlebnis stellt sich so dar: Man sieht die hellen Farbentöne, das Rot, Gelb und Orange ersterben und nimmt wahr, wie sich die höhere Welt durch Grün hindurch abdunkelt zum Blauen und Violetten; dabei erlebt man in sich selbst eine Steigerung der inneren Willensenergie. Man erlebt eine völlige Freiheit in bezug auf Ort und Zeit; man fühlt sich in Bewegung. Es sind gewisse Linienformen, Gestalten, die man erlebt. Doch nicht etwa so erlebt man sie, daß man sie vor sich in irgendeinem Raume gezeichnet sähe, sondern so, als ob man in fortwährender Bewegung mit seinem Ich jedem Linienschwung, jeder Gestaltung selbst folgte. Ja, man fühlt das Ich als den Zeichner und zugleich als das Material, mit dem gezeichnet wird. Und jede Linienführung, jede Ortsänderung sind zugleich Erlebnisse dieses Ich. Man lernt erkennen, daß man mit seinem bewegten Ich hineingeflochten ist in die schaffenden Weltenkräfte. Die Weltgesetze sind nun dem Ich nicht mehr etwas äußerlich Wahrgenommenes, sondern ein wirkliches Wundergewebe, an dem man spinnt. – Die Geheimwissenschaft entwirft allerlei sinnbildliche Zeichnungen und Bilder. Wenn diese den Tatsachen wirklich entsprechen und nicht bloße ausgedachte Figuren sind, so liegen ihnen Erlebnisse des Beobachters in höheren Welten zugrunde, die in der oben beschriebenen Art anzusehen sind.

So stellt sich die inspirierte Welt in die imaginierte hinein. Wenn die Imaginationen beginnen dem Beobachter in «stummer Sprache» ihre Bedeutungen zu enthüllen, dann geht *innerhalb* des Imaginativen die Welt der Inspiration auf.

Von derjenigen Welt, in welche der geistige Beobachter auf diese Art eindringt, ist die physische eine Offenbarung. Was von dieser physischen Welt den Sinnen und dem auf sie beschränkten Verstand zugänglich ist, das ist nur die Außenseite. Um nur ein Beispiel anzuführen: die Pflanze, wie sie mit den physischen Sinnen und dem physischen Verstande beobachtet wird, ist nicht das vollständige Pflanzenwesen. Wer nur diese physische Pflanze kennt, der hat etwas Ähnliches vorliegen, wie ein Wesen haben würde, das den Fingernagel eines Menschen wahrnehmen könnte, dem aber die Wahrnehmung des Menschen selbst unzugänglich wäre. Bau und Wesenheit des Fingernagels können aber nur verstanden werden, wenn man sie aus der ganzen menschlichen Wesenheit erklärt. So ist in Wahrheit die Pflanze nur verständlich, wenn man das kennt, was zu ihr gehört wie die ganze menschliche Wesenheit zum Fingernagel des Menschen. Dieses zur Pflanze Gehörige kann man aber nicht in der physischen Welt finden. Der Pflanze liegt zunächst etwas zugrunde, was sich nur durch die Imagination in der astralen Welt enthüllt, und ferner etwas, was nur durch die Inspiration in der geistigen Welt offenbar wird. – So ist also die Pflanze als physisches Wesen die Offenbarung einer Wesenheit, die durch Imagination und Inspiration zu begreifen ist.

Es eröffnet sich für den Beobachter der höheren Welten, wie aus Vorstehendem ersichtlich ist, ein Weg, der in der physischen Welt beginnt. Er kann nämlich zunächst von dieser physischen Welt ausgehen und von deren Offenbarungen aufsteigen zu den ihnen zugrunde liegenden höheren Wesenheiten. Wenn er vom Tierreiche ausgeht, so kann er aufsteigen zur imaginativen Welt; wenn er von der Pflanzenwelt seinen Ausgang nimmt, so führt ihn die geistige Beobachtung durch die Imagination zur Welt der Inspiration. Wenn man diesen Weg geht, dann findet man nämlich bald innerhalb der imaginativen und Inspirationswelt auch Wesenheiten und Tatsachen, welche sich gar nicht in der physischen Welt offenbaren. Man darf also nicht glauben, daß man auf diese Art nur diejenigen Wesenheiten der höheren Welten kennenlernt, welche ihre Offenbarungen in der physischen Welt haben. Wer einmal die imaginative Welt betreten hat, der lernt eine Fülle von Wesen und Ereignissen kennen, von denen sich der bloße physische Beobachter nichts träumen läßt.

Es gibt nun allerdings auch einen andern Weg. Einen solchen, der nicht von der physischen Welt seinen Ausgang nimmt. Der den Menschen unmittelbar hellsichtig macht in den höheren Gebieten des Daseins. Für viele Menschen möchte dieser Weg mehr Anziehungskraft haben als der vorhin angedeutete. Doch sollte für unsere Lebensverhältnisse nur der Aufstieg aus der physischen Welt gewählt werden. Er legt dem Beobachter die Entsagung auf, welche nötig ist, wenn er sich zunächst in der physischen Welt umschauen und da einige Erkenntnisse und namentlich Erfahrungen sammeln soll. Doch ist er auf alle Fälle für unsere Kulturverhältnisse der Gegenwart der angemessene. Der andere setzt die vorhergängige Aneignung von Seeleneigenschaften voraus, welche innerhalb der gegenwärtigen Lebensverhältnisse äußerst schwer zu erreichen sind. Wenn auch in einschlägigen Schriften mit aller Schärfe und Deutlichkeit solche Seeleneigenschaften immer wieder und wieder betont werden: von dem Grade, in dem man sich dergleichen (zum Beispiel Selbstlosigkeit, hingebungsvolle Liebe usw.) aneignen muß, wenn man zur Erreichung der höheren Welten nicht von dem festen Boden der physischen ausgehen wollte, machen sich doch die meisten Menschen gar keine auch nur einigermaßen hinreichende Vorstellung. Und wenn dann jemand in den höheren Welten erweckt wird ohne den erforderlichen Grad der entsprechenden Seeleneigenschaften, so müßte unsägliches Elend die Folge sein. Nun darf man nicht etwa glauben, daß man beim Ausgehen von der physischen Welt und ihren Erfahrungen der gekennzeichneten Seeleneigenschaften entraten könnte. Solches zu glauben, wäre auch ein folgenschwerer Irrtum. Aber solcher Ausgang gestattet, daß man sich diese Seeleneigenschaften in dem Maße und vor allem in der Form aneigne, in denen es in unseren gegenwärtigen Lebensverhältnissen möglich ist.

Und noch etwas kommt dabei in Betracht. Geht man in der angedeuteten Art von der physischen Welt aus, so bleibt man auch trotz seines Aufsteigens in die höheren Welten in einem lebendigen Zusammenhange mit dieser physischen Welt. Man wahrt sich das volle Verständnis für alles, was in ihr vorgeht, und die volle Tatkraft, in ihr zu wirken. Ja, dieses Verständnis und diese Tatkraft wachsen in der förderlichsten Art gerade durch die Erkenntnis der höheren Welten. In jedem Gebiete des

Lebens, und wenn es auch noch so prosaisch-praktisch erscheint, wird der Kenner der höheren Welten förderlicher, besser wirken als der Nichtkenner, wenn sich der erstere nur den lebensvollen Zusammenhang mit der physischen Welt bewahrt hat.

Wer aber, ohne von der physischen Welt auszugehen, in den höheren Gebieten des Daseins erweckt wird, der wird allerdings nur zu leicht dem Leben entfremdet; er wird zum Einsiedler, der seiner Mitwelt ohne Verständnis und Anteil gegenübersteht. Ja, es tritt bei unvollständig in dieser Art Ausgebildeten – allerdings nicht bei vollkommen Entwickelten – sogar oft ein, daß sie mit einer gewissen Geringschätzung auf die Erlebnisse der physischen Welt herabsehen, daß sie sich zu vornehm für diese fühlen usw. Statt daß sich ihr Anteil an der Welt erhöhte, werden solche in sich verhärtete, im geistigen Sinne selbstsüchtige Naturen. Die Verführung zu alledem ist nämlich wahrlich nicht gering. Und diejenigen, welche den Aufstieg in die höheren Welten erstreben, sollten wohl gerade darauf achten.

Von der Inspiration kann der geistige Beobachter zur *Intuition* aufsteigen. In der Ausdrucksart der Geheimwissenschaft bedeutet dieses Wort in vieler Beziehung das genaue Gegenteil von dem, wofür man es im gewöhnlichen Leben oft anwendet. In letzterem spricht man von Intuition, wenn man einen dunkel als wahr gefühlten Einfall im Auge hat, dem an sich die klare, begriffliche Feststellung noch fehlt. Man sieht darinnen mehr eine Vorstufe der Erkenntnis denn eine solche selbst. Solch ein entsprechender «Einfall» mag – nach dieser Begriffsbestimmung – eine große Wahrheit wie in einem Blitzlicht erleuchten; als Erkenntnis kann er erst gelten, wenn er durch begriffliche Urteile begründet wird. Bisweilen bezeichnet man auch als Intuition etwas, was man als Wahrheit «fühlt», wovon man ganz überzeugt ist, was man aber durch Verstandesurteile nicht belasten will. Menschen, an welche die geheimwissenschaftlichen Erkenntnisse herankommen, sagen gar oft: Das war mir «intuitiv» schon immer klar. Von all dem muß ganz abgesehen werden, wenn man den Ausdruck «Intuition» in seiner hier gemeinten wahren Bedeutung ins Auge fassen will. Intuition ist, in dieser Anwendung, nicht eine Erkenntnis, die an Klarheit hinter der Verstandeserkenntnis zurückbleibt, sondern welche diese weit überragt.

In der Inspiration sprechen die Erlebnisse der höheren Welten ihre Bedeutung aus. Der Beobachter lebt in den Eigenschaften und Taten der Wesen dieser höheren Welten. Wenn er, wie oben charakterisiert worden ist, mit seinem Ich einer Linienführung oder einer Gestaltform folgt, so weiß er doch, daß er nicht innerhalb des Wesens selbst ist, sondern innerhalb dessen Eigenschaften und Verrichtungen. Schon in der imaginativen Erkenntnis erlebt er es ja, daß er sich zum Beispiel nicht außerhalb, sondern innerhalb der Farbenbilder fühlt; aber er weiß auch ebenso genau, daß diese Farbenbilder nicht in sich selbständige Wesen, sondern Eigenschaften solcher Wesen sind. In der Inspiration wird er sich bewußt, daß er eins wird mit den Taten solcher Wesen, mit den Offenbarungen ihres Willens; erst in der Intuition verschmilzt er mit Wesen, die in sich geschlossen sind, selbst. Im richtigen Sinne kann das nur geschehen, wenn diese Verschmelzung nicht unter Auslöschung, sondern unter völliger Aufrechterhaltung seiner eigenen Wesenheit der Fall ist. Alles «Sich-Verlieren» an ein fremdes Wesen ist vom Übel. Daher kann nur ein Ich, das in sich bis zu einem hohen Grade gefestigt ist, in ein anderes Wesen ohne Schaden untertauchen. – Man hat erst dann etwas intuitiv erfaßt, wenn man diesem «Etwas» gegenüber zu der Empfindung gekommen ist: es äußert sich in ihm ein Wesen, das von derselben Art und inneren Geschlossenheit wie das eigene Ich ist. Wer einen Stein mit den Sinnen betrachtet und ihn nach seinen Eigenheiten mit dem Verstande – und den gewöhnlichen wissenschaftlichen Hilfsmitteln – zu begreifen sucht, der lernt nur die Außenseite des Steines kennen. Als geistiger Beobachter schreitet er zu der imaginativen und inspirierten Erkenntnis vor. Lebt er innerhalb der letzteren, so kann er zu einer weiteren Empfindung kommen. Diese Empfindung möchte man durch einen Vergleich in der folgenden Art charakterisieren. Man stelle sich vor, man sehe einen Menschen auf der Straße. Er macht zunächst auf den Beobachter einen flüchtigen Eindruck. Später lernt man ihn näher kennen; und es kommt der Augenblick, in dem man mit ihm so befreundet wird, daß sich Seele der Seele aufschließt. Mit dem Erlebnis, das man durchmacht, wenn so die Hüllen der Seelen fallen und Ich dem Ich gegenübersteht, ist dasjenige zu vergleichen, wenn dem geistigen Beobachter der Stein nur wie eine äußere Offenbarung erscheint und er vorschreitet zu etwas, zu dem der Stein gehört, wie der Fingernagel zum menschlichen Leibe gehört, und das sich auslebt als ein «Ich», wie das eigene Ich eines ist.

Erst in der Intuition ist diejenige Erkenntnisart durch den Menschen erreicht, die ihn ins «Innere» der Wesen führt. Bei Besprechung der Inspiration ist einiges angegeben worden über die Umwandlung, welche die innere Seelenverfassung des geistigen Beobachters erfahren muß, wenn er zu dieser Erkenntnisform gelangen will. Es ist da gesagt worden, daß zum Beispiel ein unrichtiges Urteil nicht bloß zum Verstande sprechen darf, sondern zu der Empfindung, daß es Leid, Schmerz bereiten muß. Und der Beobachter muß solches inneres Erleben systematisch ausbilden. Solange allerdings dieser Schmerz entspringt aus den Sympathien und Antipathien des Ich, aus dessen Parteinahme, so lange kann nicht von einer dadurch zu erlangenden Vorbereitung für die Inspiration gesprochen werden. Solches Berührtwerden des Gemütes ist noch weit, sehr weit von dem inneren Anteil entfernt, den das Ich an der bloßen Wahrheit – als Wahrheit – nehmen muß, wenn es die genannten Ziele erreichen will. Es kann gar nicht scharf genug betont werden, daß eigentlich alle Formen des Interesses, die sich im gewöhnlichen Leben als Lust und Leid gegenüber von Wahrheit und Irrtum ausleben, erst schweigen müssen und dann eine ganz andere Interessenart, die ohne alle Selbstsucht ist, eintreten muß, wenn etwas für die Erkenntnis durch Inspiration geschehen soll. Diese eine Eigenschaft des inneren Seelenlebens ist aber eben nur eines unter den Mitteln zur Vorbereitung für die Inspiration. Es gibt eine unbegrenzte Anzahl anderer, die hinzukommen müssen zu der einen. Und je weiter sich der geistige Beobachter in bezug auf das verfeinert, was ihm schon für die Inspiration gedient hat, desto mehr vermag er sich der Intuition zu nähern. Von der gesetzmäßigen Anweisung, welche die Geheimwissenschaft für die Intuition gibt, wird in weiteren Aufsätzen noch die Rede sein.

DREI SCHRITTE
DER ANTHROPOSOPHIE:
PHILOSOPHIE, KOSMOLOGIE,
RELIGION

I

DIE DREI SCHRITTE DER ANTHROPOSOPHIE

Es ist mir zur großen Befriedigung, diesen Vortragszyklus im Goetheanum abhalten zu können. Diese Institution soll der Pflege der spirituellen Wissenschaft dienen. Was hier spirituelle Wissenschaft genannt wird, sollte nicht verwechselt werden mit dem, was oftmals gerade in der Gegenwart als Okkultismus, Mystik usw. auftritt. Diese Bestrebungen lehnen sich entweder an alte, nicht mehr richtig verstandene spirituelle Traditionen an und geben in laienhafter Weise allerlei vermeintliche Erkenntnisse über übersinnliche Welten; oder sie ahmen in äußerlicher Weise die gewohnten wissenschaftlichen Methoden nach, ohne Kenntnis davon, daß Forschungswege, die musterhaft ausgebildet sind für die Betrachtung der Sinnenwelt, niemals in die übersinnlichen Welten führen können. Und was an Mystik auftritt, ist entweder auch bloße Erneuerung alter Seelenerlebnisse, oder unklare, oft sehr phantastische und illusionäre Selbstbetrachtung.

Demgegenüber stellt sich die Anschauungsart des Goetheanums als eine solche dar, die im vollen Sinne den gegenwärtigen Gesichtspunkt der naturwissenschaftlichen Forschung bejaht und da anerkennt, wo er berechtigt ist. Dagegen strebt sie durch die streng geregelte Ausbildung des rein seelischen Anschauens, über die übersinnliche Welt objektive, exakte Ergebnisse zu gewinnen. Sie läßt als solche Ergebnisse nur das gelten, was durch ein solches Anschauen der Seele gewonnen ist, bei der die seelisch-geistige Organisation ebenso exakt überschaubar ist wie ein mathematisches Problem. Es kommt darauf an, daß zunächst diese Organisation in wissenschaftlich einwandfreier Anschauung dasteht. Nennt man diese Organisation «Geistesauge», so muß man sagen: wie der Mathematiker seine Probleme vor sich hat, so der Geistesforscher sein eigenes «Geistesauge». Für ihn wird also die wissenschaftliche Methode zuerst auf jene Vorbereitung gelenkt, die in seinen «Geist-Organen» liegt. Waltet in diesen Organen «seine Wissenschaft», so kann er sich dann derselben bedienen, und die übersinnliche Welt liegt vor ihm. Der Forscher der Sinneswelt lenkt seine Wissenschaft nach außen, nach den Ergebnissen. Der Forscher des Geistes betreibt Wissenschaft als Vorbereitung des Schauens. Beginnt das Schauen, dann muß die Wissenschaft bereits ihren vollen Beruf erfüllt haben. Will man dann sein «Schauen» Hellsehen nennen, so ist es «exaktes Hellsehen». Wo die Wissenschaft des Sinnlichen endet, da beginnt diejenige des Geistes. Der Geistesforscher muß vor allem seine ganze Denkweise an der neueren Wissenschaft vom Sinnlichen herangebildet haben.

Daher ist es, daß die heute getriebenen Wissenschaften in das Gebiet einmünden, das die spirituelle Wissenschaft im modernen Sinne eröffnet. Das geschieht nicht nur für die einzelnen Gebiete der Naturwissenschaft und der Geschichte. Das geschieht auch zum Beispiel für die Medizin. Und es geschieht für alle Gebiete des praktischen Lebens, für die Kunst, die Moral und für das soziale Leben. Es geschieht auch für die religiösen Erfahrungen.

In diesen Vorträgen sollen drei dieser Gebiete behandelt und von ihnen gezeigt werden, wie sie in die moderne spirituelle Anschauung einmünden: Philosophie, Kosmologie und Religion.

Philosophie war einst die Vermittlerin der gesamten menschlichen Erkenntnis. In ihrem Logos erwarb sich der Mensch die Erkenntnis der einzelnen Gebiete der Weltwirklichkeit. Die einzelnen Wissenschaften sind aus ihrer Substanz heraus geboren. Aber was ist von ihr selbst zurückgeblieben? Eine Summe von mehr oder weniger abstrakten Ideen, die ihr Dasein zu rechtfertigen haben gegenüber den andern Wissenschaften, während diese ihre Rechtfertigung in der Sinnesbeobachtung und in dem Experimente finden. Auf was beziehen sich die Ideen der Philosophie? Das ist heute eine Frage geworden. Man erlebt in diesen Ideen nicht mehr eine unmittelbare Wirklichkeit, daher ist man bestrebt, diese Wirklichkeit theoretisch zu begründen.

Und was noch mehr ist: Philosophie hat es schon in ihrem Namen, als *Liebe* zur Weisheit, daß sie nicht bloß eine Verstandessache, sondern eine Sache der ganzen menschlichen Seele ist. Was man «lieben» kann, das ist eine solche Sache. Und Weisheit wurde einst als etwas Wirkliches empfunden; das ist bei den «Ideen», die bloß Vernunft und Verstand beschäftigen, nicht der Fall. Philosophie ist aus einer Menschheitssache, die in Seelenwärme einst *erlebt* worden ist, zu einem trockenen, kalten Wissen geworden. Und man fühlt sich nicht mehr in einer Wirklichkeit darinnen, wenn man in der Tätigkeit des Philosophierens ist.

Man hat *im Menschen selbst* dasjenige verloren, was einstmals die Philosophie zu einem *wirklichen* Erlebnis machte. Die Sinneswissenschaft wird durch die Sinne vermittelt, und was der Verstand über die Beobachtungen der Sinne *denkt,* das ist Zusammenfassung des durch die Sinne vermittelten Inhaltes. Dieses Denken hat keinen eigenen Inhalt. Indem der Mensch in einer solchen Erkenntnis lebt, erkennt er sich selbst nur als *physischen Körper.* Philosophie war aber zuerst ein Seeleninhalt, der nicht mit dem physischen Körper erlebt wurde. Er wurde erlebt mit einem menschlichen Organismus, der nicht mit den Sinnen wahrgenommen werden kann. Es ist dies ein *ätherischer Körper,* der dem physischen Körper zugrunde liegt, und der die übersinnlichen Kräfte enthält, die dem physischen Körper Form und Leben geben. Der Mensch kann sich der Organisation dieses ätherischen Körpers geradeso bedienen wie seines physischen. Dann aber bildet dieser ätherische Körper Ideen von einem Übersinnlichen aus wie der physische Körper durch die Sinne Ideen von dem Sinnlichen. Die alten Philosophen entwickelten ihre Ideen durch den ätherischen Körper. Indem das Geistesleben der Menschheit diesen ätherischen Körper für die Erkenntnis verloren hat, hat es zugleich den Wirklichkeitscharakter der Philosophie verloren. Philosophie ist ein bloßes Ideengebäude geworden. Es muß erst wieder die Erkenntnis des ätherischen Menschen erworben werden: dann wird auch Philosophie wieder einen Wirklichkeitscharakter gewinnen können. Das soll den ersten der Schritte kennzeichnen, die durch Anthroposophie getan werden sollen.

Kosmologie hat einstmals dem Menschen gezeigt, wie er ein Glied der universellen Welt ist. Dazu war notwendig, daß nicht nur sein Körper, sondern auch seine Seele und sein Geist als Glieder des Kosmos angesehen werden konnten. Das war dadurch der Fall, daß im Kosmos Seelisches und Geistiges geschaut wurden. In der neueren Zeit ist Kosmologie nur ein Überbau dessen geworden, was die Naturwissenschaft durch Mathematik, Beobachtung und Experiment erkennt. Was auf diese Weise erforscht wird, das wird zu einem Bilde des kosmischen Werdens zusammengestellt. Aus diesem Bilde heraus kann man wohl den physischen Körper des Menschen verstehen. Es bleibt aber schon der ätherische Körper unverständlich und in einem noch höheren Sinne das Seelische und Geistige am Menschen. Der ätherische Leib kann nur als ein Glied des Kosmos erkannt werden, wenn die ätherische Wesenheit des Kosmos durchschaut wird. Aber dieses Ätherische des Kosmos kann dem Menschen auch nur eine ätherische Organisation geben. In der Seele aber ist *Innenleben.* Es muß auch das *Innenleben des Kosmos* durchschaut werden. Eine Anschauung des Innenlebens des Kosmos war die alte Kosmologie. Durch diese Anschauung wurde auch die über das Ätherische hinausgehende seelische Wesenheit des Menschen in den Kosmos eingegliedert. Aber dem modernen Geistesleben fehlt eine Anschauung von der Wirklichkeit des Seelen-Innen-Lebens. Wie dieses erlebt wird, so liegt in dem erlebten Inhalte keine Garantie dafür, daß es über Geburt und Tod hinaus ein Dasein hat. Was man heute von dem Seelischen weiß, kann in und mit dem physischen Körper durch das Keimesleben und die weitere Entwickelung in der Kindheit entstanden sein und kann mit dem Tode enden. In der älteren Menschenerkenntnis war für das seelische Wesen des Menschen etwas enthalten, von dem das heute Gewußte nur ein Abglanz ist. Es war dies als die *astralische Wesenheit* des Menschen angesehen. Es war nicht das, was in Denken, Fühlen und Wollen der Seele erlebt wird, sondern etwas, das seinen Abglanz in Denken, Fühlen und Wollen hat. Man kann nun nicht das Denken, Fühlen und Wollen in den Kosmos eingegliedert denken. Denn diese leben nur in der physischen Wesenheit des Menschen. Dagegen kann die astralische Wesenheit als ein Glied des Kosmos aufgefaßt werden. Denn diese tritt mit der Geburt in die physische Wesenheit ein und tritt mit dem Tode aus dieser aus. Dasjenige, was sich während des Lebens zwischen Geburt und Tod hinter Denken, Fühlen und Wollen verbirgt – eben der astralische Leib –, ist die kosmische Wesenheit des Menschen.

Indem die moderne Erkenntnis die astralische Wesenheit des Menschen verloren hat, ist ihr auch eine Kosmologie abhanden gekommen, die den Menschen umfassen könnte. Sie hat nur eine physische Kosmologie. In dieser aber sind nur die Grundlagen des physischen Menschen enthalten. Es ist notwendig, daß wieder eine Erkenntnis des astralischen Menschen erworben werde. Dann wird es auch wieder eine Kosmologie geben können, die den Menschen mit umfaßt.

Damit ist der zweite Schritt der Anthroposophie gekennzeichnet.

Religion im ursprünglichen Sinne ist auf dasjenige Erlebnis gebaut, durch das sich der Mensch sowohl unabhängig weiß von seiner physischen und ätherischen Wesenheit, durch die er sein Dasein zwischen Geburt und Tod hat, wie auch von dem Kosmos, insofern dieser an einem solchen Dasein mitwirkt. Der Inhalt dieses Erlebnisses bildet den eigentlichen *Geistmenschen,* dasjenige, worauf unser Wort *«Ich»* nur noch hindeutet. Dem Menschen bedeutete einst dieses «Ich» etwas, das sich unabhängig von aller Körperlichkeit und auch unabhängig von der astralischen Wesenheit wußte. Durch ein solches Erleben fühlte sich der Mensch in einer Welt, von der diejenige nur ein Abbild ist, die ihm Körper und Seele gibt. Er fühlte sich im Zusammenhange mit einer *göttlichen Welt.* Die Erkenntnis von dieser Welt bleibt der sinnengemäßen Beobachtung verborgen. Die Erkenntnis des ätherischen und des astralischen Menschen führt allmählich zu einer Anschauung dieser Welt hinüber. In der Sinnesanschauung muß sich der Mensch *getrennt* fühlen von der göttlichen Welt, der sein innerstes Wesen angehört. Durch die übersinnliche Erkenntnis *verbindet* er sich wieder mit dieser Welt. Dadurch mündet übersinnliche Erkenntnis in Religion ein.

Damit dies der Fall sein kann, muß das wahre Wesen des «Ich» erschaut werden können. Das aber ist der modernen Erkenntnis verlorengegangen. Selbst Philosophen sehen in dem «Ich» nur die Zusammenfassung der Seelenerlebnisse. Die Idee, die sie dadurch von dem «Ich», dem Geistesmenschen, erhalten, wird aber durch jeden Schlaf widerlegt. Denn im Schlafe wird der Inhalt *dieses* «Ich» ausgelöscht. Ein Bewußtsein, das nur ein solches Ich kennt, kann nicht erkenntnismäßig in Religion einmünden. Denn es hat nichts, was dem Auslöschen des Schlafes widersteht. Aber eine Erkenntnis des wahren Ich ist dem modernen Geistesleben verlorengegangen. Damit aber auch die Möglichkeit, von dem Wissen aus zur Religion zu kommen. Es wird, was von Religion einstmals vorhanden war, aus der Tradition als etwas hingenommen, wozu menschliche Erkenntnis nicht mehr kommen kann. Religion wird auf diese Art Inhalt eines *Glaubens,* der außerhalb der wissenschaftlichen Erlebnisse errungen werden soll. *Wissen* und *Glaube* werden zwei Erlebnisweisen für etwas, das einst eine Einheit war.

Es muß erst wieder eine anschauliche Erkenntnis des wahren «Ich» entstehen, wenn Religion die rechte Stellung im Leben der Menschheit haben soll. Der Mensch wird von der modernen Wissenschaft nur hinsichtlich seiner *physischen Wesenheit* als wahre Wirklichkeit verstanden. Er muß im weiteren erkannt werden als ätherischer, astralischer und Geistes-Mensch oder «Ichmensch», dann wird Wissenschaft die Grundlage des religiösen Lebens werden.

Damit ist der dritte Schritt der Anthroposophie gekennzeichnet.

Es wird nun für die folgenden Vorträge die Aufgabe sein, die Möglichkeit zu zeigen, daß der ätherische Mensch erkannt werden kann, das heißt, daß der *Philosophie* eine Wirklichkeit verliehen werden kann; es wird die weitere Aufgabe sein, die Erkenntnis des astralischen Menschen nachzuweisen, das heißt zu zeigen, daß eine *Kosmologie* möglich ist, die den Menschen mitumfaßt; und zuletzt wird noch die Aufgabe sich ergeben, zur Erkenntnis des «wahren Ich» zu führen, um die Möglichkeit eines religiösen Lebens darzulegen, das auf einer Erkenntnis-Grundlage ruht.

II

SEELENÜBUNGEN DES DENKENS, FÜHLENS UND WOLLENS

Philosophie ist nicht in derselben Art entstanden, in der sie in der modernen Zeit weitergeführt wird. In dieser Art ist sie ein Zusammenhang von Ideen, die innerlich, in der Seele, nicht so *erlebt* werden, daß der seiner selbst bewußte Mensch sich in ihnen als in einer Wirklichkeit fühlte. Daher kommt es, daß man nach allen möglichen theoretischen Mitteln sucht, durch die man beweisen will, wie sich der philosophische Inhalt doch auf eine Wirklichkeit beziehe. In dieser Art aber kommt man nur zu verschiedenen philosophischen Systemen, von denen man sagen kann, daß sie alle eine gewisse relative Richtigkeit haben, denn es sind, im wesentlichen, die Gründe, mit denen man sie widerlegt, ebensoviel wert wie diejenigen, mit denen man sie beweisen will.

Es handelt sich bei Anthroposophie darum, daß man nicht mit theoretischem Nachdenken der Wirklichkeit des philosophischen Inhaltes beikommen kann, sondern durch Ausbildung einer Erkenntnismethode, die auf der einen Seite ähnlich ist derjenigen, durch die in alten Zeiten Philosophie gewonnen worden ist, und die auf der andern Seite so vollbewußt exakt ist wie die mathematische und naturwissenschaftliche Methode der neueren Zeit.

Die alte Methode war eine halb unbewußte. Sie hatte gegenüber dem Bewußtseinszustand, in dem der moderne Mensch ist, wenn er wissenschaftlich denkt, etwas halb Traumhaftes. Sie lebte nicht in solchen Träumen, die durch sich selbst nicht unmittelbar ihren realen Inhalt verbürgen, sondern in Wachträumen, die eben durch diesen Inhalt auf Wirklichkeit wiesen. Solcher Seeleninhalt hat aber auch nicht den abstrakten Charakter wie derjenige des gegenwärtigen Vorstellens, sondern den der *Bildhaftigkeit.*

Solch ein Seeleninhalt muß wieder gewonnen werden; aber, gemäß dem modernen Entwickelungszustande der Menschheit, in voller Bewußtheit; gerade in derselben Bewußtseinsverfassung, wie sie im wissenschaftlichen Denken vorhanden ist. Die anthroposophische Forschung sucht das zu erreichen in einer ersten Stufe des übersinnlichen Erkennens, in dem imaginativen Bewußtseinszustande. Er wird erreicht durch ein meditatives Seelenverfahren. Durch dieses wird die Totalkraft des Seelenlebens auf leicht überschauliche Vorstellungen gelenkt und im Ruhen auf denselben festgehalten. Dadurch wird, wenn ein solches Verfahren durch genügend lange Zeitepochen immer wiederholt wird, zuletzt bemerkt, wie die Seele in ihrem Erleben *leibfrei* wird. Man erkennt klar, daß alles Denken des gewöhnlichen Bewußtseins Abglanz einer geistigen Tätigkeit ist, die als solche unbewußt bleibt, die aber dadurch bewußt wird, daß sie den menschlichen physischen Organismus in ihren Verlauf einbezieht. Alles gewöhnliche Denken ist ganz abhängig von der im physischen Organismus nachgeahmten übersinnlichen Geistestätigkeit. Dabei wird aber nur bewußt, was der physische Organismus bewußt werden läßt.

Durch die Meditation kann die geistige Tätigkeit vom physischen Organismus losgerissen werden. Die Seele erlebt dann auf übersinnliche Art das Übersinnliche. Es wird nicht mehr im physischen Organismus seelisch erlebt, sondern im ätherischen Organismus. Man hat ein Vorstellen mit Bildcharakter vor sich.

Man hat in *diesem Vorstellen* Bilder der Kräfte vor sich, die aus dem Übersinnlichen heraus dem Organismus als seine Wachstumskräfte, auch als *die* Kräfte zugrunde liegen, die im Regeln der Ernährungsvorgänge wirksam sind. Man hat es mit einer wirklichen *Anschauung* der Lebenskräfte zu tun. Es ist dies die Stufe der *imaginativen* Erkenntnis. Man lebt auf diese Art im ätherischen menschlichen Organismus. Und man lebt mit dem eigenen ätherischen Organismus in dem ätherischen Kosmos. Es ist zwischen dem ätherischen Organismus und dem ätherischen Kosmos keine so scharfe Grenze in bezug auf Subjektives und Objektives wie bei dem physischen Nachdenken über die Dinge der Welt.

Mit dem Erleben in imaginativer Erkenntnis kann man die alte Philosophie als Wirklichkeitsinhalt nacherleben; man kann aber auch eine neue Philosophie konzipieren. Eine wirkliche Konzeption der Philosophie kann nur durch diese imaginative Erkenntnis zustande kommen. Ist diese Philosophie einmal da, dann kann sie aber von dem gewöhnlichen Bewußtsein erfaßt und auch verstanden werden. Denn sie spricht aus dem imaginativen Erleben heraus in Formen, die aus der geistigen (ätherischen) Wirklichkeit stammen, und deren Wirklichkeitsgehalt in der Aufnahme durch das gewöhnliche Bewußtsein *nacherlebt* werden kann.

Für die Kosmologie bedarf es einer höheren Erkenntnisbetätigung. Diese wird erworben, wenn die Meditation erweitert wird. Man bildet nicht nur das intensive Ruhen auf einem Seeleninhalt aus, sondern auch das vollbewußte Beharren in einem inhaltlosen Seelenruhen, nachdem man einen meditativen Seeleninhalt aus dem Bewußtsein fortgeschafft hat. Man bringt es damit so weit, daß in das inhaltlose Seelenleben der geistige Gehalt des Kosmos einfließt. Man erreicht die Stufe der *inspirierten Erkenntnis*. Man hat vor sich einen geistigen Kosmos, wie man vor den Sinnen den physischen Kosmos hat. Man gelangt dazu, in den Kräften des geistigen Kosmos dasjenige anzuschauen, was im Atmungsprozesse zwischen dem Menschen und dem Kosmos *geistig* vorgeht. In den Vorgängen dieses Atmungsprozesses und in den übrigen rhythmischen Prozessen des Menschen findet man das physische Abbild dessen, was im Geistigen existiert an dem astralischen Menschenorganismus. Man kommt zu der Anschauung, wie dieser astralische Organismus außerhalb des Erdenlebens im geistigen Kosmos seinen Bestand hat und wie er sich durch das Keimesleben und die Geburt in den physischen Organismus einkleidet, um im Tode denselben wieder zu verlassen. Man kann durch diese Erkenntnis die Vererbung, die ein irdischer Vorgang ist, von dem unterscheiden, was sich der Mensch aus der geistigen Welt mitbringt.

So gelangt man durch die inspirierte Erkenntnis zu einer Kosmologie, die den Menschen in bezug auf sein seelisches und geistiges Dasein umfassen kann. Die inspirierten Erkenntnisse bilden sich im astralischen Organismus aus. Man hat sie, indem man außerhalb seines Körpers ein Dasein erlebt im Kosmos des Geistes. Sie spiegeln sich aber im Äther-Organismus, und in den Bildern, die sich da ergeben, kann man sie in die menschliche Sprache übersetzen und mit dem Inhalte der Philosophie vereinigen. Man erhält dadurch eine kosmische Philosophie.

Für die religiöse Erkenntnis ist ein Drittes notwendig. Man muß in die Wesenheiten untertauchen, die sich im inspirierten Erkenntnisinhalte bildhaft offenbaren. Man erreicht dieses, wenn man zu der bisher charakterisierten Meditation *Seelenübungen des Willens* hinzufügt. Man sucht, zum Beispiel, Vorgänge, die in der physischen Welt einen bestimmten Verlauf haben, in umgekehrter Folge von rückwärts nach vorne vorzustellen. Dadurch reißt man durch einen Willensvorgang, den man im gewöhnlichen Bewußtsein nicht anwendet, das Seelenleben los von dem kosmischen Außeninhalte und versenkt die Seele in die Wesenheiten, die sich in der Inspiration offenbaren. Man gelangt zu der *wahren Intuition*, zu dem Zusammenleben mit Wesen einer geistigen Welt. Diese Erlebnisse werden im ätherischen und auch im physischen Menschen gespiegelt und ergeben in dieser Spiegelung den Inhalt des religiösen Bewußtseins.

Man gelangt durch diese *intuitive Erkenntnis* dazu, die wahre Wesenheit des «Ich» zu schauen, die in Wirklichkeit in die Geisteswelt eingesenkt ist. Was im gewöhnlichen Bewußtsein von diesem Ich vorhanden ist, das ist nur ein ganz schwacher Abglanz seiner wahren Gestalt. Man erreicht durch Intuition die Möglichkeit, diesen schwachen Abglanz in Vereinigung zu fühlen mit der göttlichen Urwelt, der er durch seine wahre Gestalt angehört. Man ist dadurch auch imstande, zu durchschauen, wie der Geistmensch, das wahre «Ich», in der geistigen Welt seinen Bestand hat, wenn der Mensch in den Schlafzustand versenkt ist. In diesem Zustande brauchen physischer und ätherischer Organismus die rhythmischen Prozesse für sich, zu ihrer Regeneration. In dem Wachzustande lebt in diesem Rhythmus und den in ihn eingegliederten physischen Stoffwechselprozessen das «Ich». Im Schlafzustande sind der Rhythmus des Menschen und die Stoffwechselvorgänge als physischer und ätherischer Organismus in einem Leben für sich; und der astralische Organismus und das «Ich» haben da ihren Bestand in der Geisteswelt. In der inspirierten und intuitiven Erkenntnis wird der Mensch *bewußt* in diese Welt versetzt. Er lebt in einem geistigen Kosmos, wie er durch seine Sinne in einem physischen Kosmos lebt. Er kann erkenntnismäßig von dem Inhalte des religiösen Bewußtseins sprechen. *Dieses* kann er, weil sich das im Geistigen Erlebte im physischen und ätherischen Menschen spiegelt und die Spiegelbilder in der Sprache ausgedrückt werden können. Sie haben dann in dieser Ausdrucksform einen Inhalt, der dem Menschengemüte des gewöhnlichen Bewußtseins religiös einleuchten kann.

So wird durch die imaginative Erkenntnis die Philosophie, durch die Inspiration die Kosmologie, durch die Intuition das religiöse Leben durchschaut. Zur Intuition führt, außer dem schon Charakterisierten, auch zum Beispiel die folgende Seelenübung. Man versucht in das Leben, das sich sonst unbewußt von Lebensalter zu Lebensalter beim Menschen entwickelt, so einzugreifen, daß man bewußt sich Gewohnheiten aneignet, die man vorher nicht gehabt hat, oder solche umwandelt, die man gehabt hat. Je größere Anstrengungen zu einer solchen Umwandlung nötig sind, desto besser ist es für die Herbeiführung einer intuitiven Erkenntnis. Denn diese Verwandlungen bewirken eine Loslösung der Willenskräfte von dem physischen und ätherischen Organismus. Man bindet den Willen an den astralischen Organismus und an die wahre Gestalt des «Ich» und versenkt diese beiden dadurch *bewußt* in die Geisteswelt.

In der modernen geistigen Entwickelung der Menschheit hat sich erst das ausgebildet, was man abstraktes Denken nennen kann. Der Mensch früherer Entwikkelungsepochen hatte *dieses* Denken nicht. Es ist aber notwendig zur Entwickelung der menschlichen Freiheit. Denn es löst die Kraft des Denkens von der Bildform los. Man erreicht die Möglichkeit, durch den physischen Organismus zu denken. Ein *solches* Denken wurzelt aber nicht in einer wirklichen Welt. Es ist nur in einer Scheinwelt enthalten. In dieser Scheinwelt kann man die Naturvorgänge *abbilden,* ohne daß der Mensch in diese Bilder von sich aus etwas hineinlegt. Man gelangt zu einem Abbilde der Natur, das als Abbild [nicht] wirklich sein kann, weil das Leben im denkerischen Abbild in sich selbst nicht Wirklichkeit, sondern nur Schein ist. In dieses Scheindenken können aber auch die moralischen Impulse so aufgenommen werden, daß sie auf den Menschen keinen Zwang ausüben. Die moralischen Impulse selbst sind wirklich, weil sie aus der Geisteswelt stammen; die Art, wie sie der Mensch in seiner Scheinwelt erlebt, macht es ihm möglich, sich *frei* nach ihnen zu bestimmen, oder nicht zu bestimmen. *Sie selbst* üben weder durch seinen Körper, noch durch seine Seele auf ihn einen Zwang aus.

So schreitet die Menschheit vorwärts, indem dasjenige Denken, das in alten Zeiten ganz an die unbewußte imaginierte, inspirierte und intuitive Erkenntnis gebunden war und in dem die Gedanken so *geoffenbart* wurden wie die Imagination, Inspiration und Intuition selbst, zum abstrakten Denken wird, das durch den physischen Organismus ausgeführt wird. In *diesem* Denken, das ein Scheinleben hat, weil es geistige Substanz ist, in die physische Welt versetzt, erlebt der Mensch die Möglichkeit, eine objektive Naturerkenntnis und seine moralische Freiheit zu entwickeln. (Das Nähere darüber findet man in meiner «Philosophie der Freiheit», in meinen Schriften «Wie erlangt man Erkenntnisse der höheren Welten?», «Theosophie», «Geheimwissenschaft» usw.) Aber um wieder zu einer Mensch-umfassenden Philosophie, Kosmologie und Religion zu kommen, ist notwendig, *bewußt* – also im Gegensatz zu dem alten traumhaften Hellsehen – in das Gebiet eines exakten Hellsehens in Imagination, Inspiration und Intuition einzutreten. Im Gebiete des abstrakten Vorstellungslebens erreicht der Mensch seine Vollbewußtheit. Es obliegt ihm im weiteren Menschheitsfortschritt, die Vollbewußtheit in die Erfahrungen aus der geistigen Welt hineinzutragen. Darin muß der wahre Menschheitsfortschritt in die Zukunft hinein bestehen.

VII

CHRISTUS IN SEINEM ZUSAMMENHANG MIT DER MENSCHHEIT

Wie das seelisch-geistige Dasein auf dem Gebiete der Menschenentwickelung in das sinnlich-physische übergeht, versuchte ich in der letzten Betrachtung zu schildern. Von dem Verständnisse, das der Mensch diesem Übergange entgegenbringt, hängt es ab, ob er ein dem gegenwärtigen Bewußtsein entsprechendes Verhältnis gewinnen kann zu dem Ereignis von Golgatha und seiner Beziehung zur Erdenentwickelung des Menschen.

Erkennt man in seinem eigenen physisch-sinnlichen Wesen nicht, wie ein Geistig-Seelisches aus einer geistigen Erlebensform sich so gewandelt hat, daß es zur Erscheinung in der physisch-sinnlichen Welt geworden ist, so muß einem auch verschlossen bleiben, wie der Christusgeist aus Geisteswelten in dem Jesusmenschen innerhalb der physischen Welt erschienen ist.

Es muß aber immer wieder betont werden, daß nicht das *schauende* Erkennen selbst bei jedem Einzelnen in Betracht kommt, sondern das gemütvolle Verstehen des durch das Schauen Erforschten. Das schauende Erkennen erringen sich *Einzelne.* Das begründete Verstehen ist *jedem* möglich.

Wer die Welten anerkennt, welche die Menschenseele im vorirdischen Dasein durchlebt, der lernt auch aufblicken zu Dem, der vor dem Geschehen des Mysteriums von Golgatha nur in diesem Dasein gelebt, als Christus, und der durch dieses Mysterium und seit dessen Geschehen sein Leben mit der Erdenmenschheit verbunden hat

Die Seelen der Erdenmenschheit haben diejenige Verfassung, in der sie heute leben, erst in einer allmählichen Entwickelung erlangt. Das gewöhnliche Bewußtsein nimmt die Seelenverfassung, wie sie heute ist, und konstruiert sich eine «Geschichte», in welcher die Sache so dargestellt wird, als ob die Menschen der grauen Vorzeit fast ebenso gedacht, gewollt und gefühlt hätten wie heute. Aber das ist nicht so. Es hat Zeiten gegeben im Erdendasein der Menschheit, in denen diese Seelenverfassung ganz anders war als gegenwärtig. Damals war nicht ein so schroffer Gegensatz zwischen Schlafen und Wachen. Einen Übergang zwischen beiden bildet heute nur das Träumen. Aber dessen Inhalt hat etwas Trügerisches, Fragwürdiges. Der Mensch der Vorzeit erlebte zwischen dem vollen Wachen und dem bewußtlosen Schlafen einen Zwischenzustand, der bildhaft und sinnentrückt war, durch den aber ein wirklich Geistiges sich offenbarte, wie durch die Sinneswahrnehmung ein wirkliches Physisches.

In diesem Erleben durch Bilder, nicht durch Gedanken, hatte der Mensch der Vorzeit eine traumhafte Erfahrung von seinem vorirdischen Dasein. Er erlebte sich selbst als vorirdisches Seelenwesen wie in einem Nachklang des damals Durchgemachten. Aber er hatte dafür nicht das volle deutliche Ich-Erleben, das der Mensch der Gegenwart hat. Er empfand sich nicht in demselben Grade wie heute als ein «Ich». Dieses «Ich»-Erleben ist erst im Laufe der menschlichen Geistesentwickelung eingetreten.

Die entscheidende Entwickelungsepoche für die Entwickelung des Ich-Erlebens der Menschheit ist diejenige, in die auch das Ereignis von Golgatha gefallen ist.

In dieser Zeit wurde für das gewöhnliche Bewußtsein das seelische Erleben eines Nachklanges des vorirdischen Daseins immer dumpfer. Der Mensch wurde mit dem, was er *von sich selbst* wissen kann, immer mehr auf das beschränkt, was sich ihm von sich selbst als physisch-sinnliches Erden-Sein offenbart.

Von diesem Zeitpunkt an bekam auch die Wahrnehmung des Todes eine neue Bedeutung. Vorher wußte der Mensch in der angedeuteten Art von seinem eigenen Wesenskerne. Er kannte denselben durch das Schauen des erwähnten Nachklanges so, daß ihm klar war, dieser werde vom Tode nicht berührt. In dem welthistorischen Zeitabschnitt, in dem der Blick auf das physische Menschenwesen beschränkt wurde, stellte sich der Tod als ein quälendes Rätsel vor die Seele hin.

Dieses Rätsel wurde dem Menschen nicht durch die weitere Entwickelung bloß innerer Erkenntniskräfte gelöst. Es wurde ihm gelöst, indem das Ereignis von Golgatha in die Erdenentwickelung eintrat.

Auf den Boden des Erdendaseins ist der Christus aus denjenigen Welten herabgestiegen, in denen der Mensch sein vorirdisches Dasein verlebt. In der Vereinigung der Erlebnisse des wachen gewöhnlichen Bewußtseins mit der Wesenheit und in dem Aufblick zu Christi Taten kann der Mensch seit dem Ereignis von Golgatha finden, was er vorher durch eine natürliche Beschaffenheit seines Bewußtseins gefunden hat.

Die Initiierten der alten Mysterien haben zu ihren Bekennern so gesprochen, daß diese in den Wahrnehmungen über das vorirdische Dasein eine Gnadengabe des geistigen Sonnenwesens gesehen haben, das seinen Abglanz in der physischen Sonne hat.

Die Initiierten, die zur Zeit des Mysteriums von Golgatha noch in einer Fortsetzung der alten Initiationsmethoden lebten, sprachen zu denjenigen, die es hören wollten, davon, wie das Wesen, welches früher den Menschen aus den geistigen Welten den Nachklang des vorirdischen Daseins in das irdische mitgegeben hat, als der Christus heruntergestiegen ist in die physische Erdenwelt und in dem Menschen Jesus Körper angenommen hat.

Von Seite derjenigen, die dadurch aus der Initiation das Rechte über das Mysterium von Golgatha wußten, wurde in den ersten Zeiten der christlichen Entwickelung durchaus von dem Christuswesen als einem solchen gesprochen, das aus geistigen Welten in die irdische heruntergestiegen ist. Auf den Christus der überirdischen Welt und auf seinen Weg zu den Erdenmenschen kam es den damaligen Lehrern der Menschheit vorzüglich an.

Die Voraussetzung zu einer solchen Anschauung war, daß man aus der alten Initiation noch so viel über die übersinnlichen Welten wußte, um in Christus ein Wesen der geistigen Welt vor seinem Abstieg zur Erde zu schauen.

Die Reste eines solchen Wissens dauerten etwa bis in das vierte nachchristliche Jahrhundert hinein. Dann dämmerten sie in den menschlichen Bewußtseinen ab. Das Ereignis von Golgatha wurde dadurch ein *nur* durch die Fortpflanzung der äußeren Geschichte gewußtes Ereignis. Die Initiationsprinzipien der alten Welt gingen der Außenwelt verloren und pflanzten sich nur noch in Stätten fort, von denen die Menschen kaum etwas wußten. Erst jetzt, seit dem letzten Drittel des neunzehnten Jahrhunderts, ist innerhalb der Menschheitsentwickelung wieder ein Stadium erlangt, in dem die neue Initiation, die in den vorangehenden Darstellungen geschildert worden ist, zu einer Anschauung des Wesens Christi innerhalb der Geisteswelt führt.

Zur vollen Entfaltung des Ichbewußtseins, das innerhalb der Menschheitsentwickelung zutage treten sollte, war es notwendig, daß die initiierte Erkenntnis für einige Jahrhunderte zurücktrat und der Mensch sich zunächst auf die sinnliche und äußerlich-historische Welt verwiesen sah, in der er das Ichbewußtsein frei entfalten konnte.

So wurde es der christlichen Gemeinschaft nur möglich, die Gläubigen auf die historische Tradition über das Mysterium von Golgatha zu verweisen, und dasjenige, was einmal durch Geisterkenntnis über dasselbe gewußt wurde, in *Dogmen für den Glauben* zu kleiden. Nicht um den Inhalt dieser Dogmen handelt es sich hier, sondern um die Art, wie er in der Seele erlebt wird, ob durch Glauben oder durch Wissen.

Heute ist es wieder möglich, ein unmittelbares Wissen von dem Christus zu erlangen. Aber es stand die Gestalt Jesu durch Jahrhunderte vor dem gewöhnlichen Bewußtsein; und der Christus, der in ihm lebte, war ein Gegenstand des Glaubens geworden. Immer mehr aber verlor sich gerade in dem geistig führenden Teil der Menschheit die Hinneigung zu den Glaubensdogmen; Jesus wurde immer mehr nur so gesehen, wie er sich aus der Geschichte heraus vor das gewöhnliche Bewußtsein hinstellt. Man verlor nach und nach ein Erleben des

Christus. Und so ergab sich sogar ein moderner Zweig der Theologie, der sich eigentlich nur beschäftigt mit dem Menschen Jesus, und dem ein lebendiges Verhältnis zu dem Christus fehlt. Aber ein bloßer Jesusglaube ist eigentlich kein Christentum mehr.

In dem Bewußtsein von seinem vorirdischen Dasein hatte der Mensch der Vorzeit auch einen Halt für ein rechtes Verhältnis zu seinem Dasein nach dem Erdentode. Das, was ihm auf diese Art in der Vorzeit für das Rätsel des Todes ein natürliches Sich-Erleben gegeben hatte, das sollte ihm in der späteren Zeit in einer anderen Art durch seine Verbindung mit dem Christus gegeben werden. Dieser sollte ihn nach dem Paulusworte: «Nicht ich, sondern der Christus in mir», so durchdringen, daß er ihm dadurch der Führer durch die Todespforte werden konnte. Im gewöhnlichen Bewußtsein hatte der Mensch jetzt zwar etwas, was das volle Ich-Erleben zur Entfaltung bringen konnte, nicht aber etwas, was der Seele die Kraft geben konnte, an ihren lebendigen Durchgang durch die Todespforte erkennend heranzukommen. Denn das gewöhnliche Bewußtsein ist ein Ergebnis des physischen Leibes. Es kann also auch der Seele nur eine Kraft geben, die sie als mit dem Tode erlöschend ansehen muß.

Denjenigen, die noch aus der alten Initiation heraus das alles erkennen konnten, erschien der menschliche physische Organismus krank. Denn sie mußten annehmen, er könne nicht die Macht entfalten, ein so umfassendes Bewußtsein der Seele zu geben, daß diese ihr volles Dasein erleben kann. Christus erschien als der Seelenarzt der Welt, als der Heiler, der Heiland. Und als solcher muß er in seinem tiefbegründeten Zusammenhang mit der Menschheit erkannt werden.

Das Ereignis des Todes im Zusammenhange mit dem Christus soll den Gegenstand der nächsten Betrachtungen bilden.

Durch das Aufnehmen des Christuserlebens wird, was das alte Bewußtsein, vertieft durch die Aussagen der Initiierten, als Ewigkeitserlebnis dem Menschen gegeben hatte, zu einer Philosophie, die im Weltendasein mit dem göttlichen Vaterprinzip rechnen kann. Der Vater im Geiste kann wieder angesehen werden als das alles durchdringende Seiende. Durch die Erkenntnis des Christus, der, *ein Wesen der außerirdischen Welt*, in dem Menschen Jesus irdischen Körper annahm, erlangt die Kosmologie ihren christlichen Charakter. In den Geschehnissen der Menschheitsentwickelung wird der Christus miterkannt als das Wesen, dem ein Entscheidendes in dieser Entwickelung zugefallen ist. – Und durch das Wiederanfachen der abgedämmerten Erkenntnis von dem «ewigen Menschen» wird das menschliche Gemüt aus der bloßen Sinneswelt, die das Ich-Bewußtsein entwickelt, zu dem Geiste gelenkt, der mit dem Vatergott und dem Christus zusammen *in einer erneuten Erkenntnisgrundlage der Religion* von der Seele verständnisvoll erlebt werden kann.

VIII

DAS EREIGNIS DES TODES IM ZUSAMMENHANG MIT DEM CHRISTUS

Im Schlafzustande hört für das gewöhnliche Bewußtsein das Sinnes-Erleben auf, und auch die seelische Betätigung in Denken, Fühlen und Wollen. Damit entfällt dem Menschen dasjenige, was er als sein «Selbst» zusammenfaßt.

Durch die in den vorangehenden Betrachtungen charakterisierten Seelenübungen wird von einem höheren Bewußtsein zunächst das Denken erfaßt. Man kann dieses Erfassen nicht bewirken, ohne das Denken zuerst verloren zu haben. Im Erfolg bewirkenden Meditieren erlebt man diesen Verlust des Denkens. Man fühlt sich zwar innerlich als wesenhaft; es tritt ein unbestimmtes inneres Erleben ein; aber man kann sich zunächst nicht selbst mit einem so starken Sein erleben, daß man dieses Innensein in denkender Tätigkeit erfassen könnte. Diese Möglichkeit tritt erst nach und nach ein. Die innere Aktivität wächst; und die Kraft des Denkens wird von einer andern Seite entzündet als im gewöhnlichen Bewußtsein. Man erlebt sich in diesem gewöhnlichen Bewußtsein immer nur in einem gegenwärtigen Augenblicke. Indem durch die Seelenübungen das Denken wieder entzündet wird, nachdem man durch das Nicht-Denken hindurchgegangen und dadurch zum Imaginieren gekommen ist, erlebt man den Inhalt des ganzen Lebenslaufes von der Geburt bis zum jeweilig gegenwärtigen Augenblicke als das eigene «Ich». Auch die Erinnerungen des gewöhnlichen Bewußtseins sind Erlebnisse des gegenwärtigen Augenblickes. Sie sind Bilder, die gegenwärtig erlebt werden, und die durch ihren Inhalt auf Vergangenes nur hinweisen.

Solche Erinnerung entfällt zuerst beim Eintritte des Imaginierens. Das Vergangene wird dann angeschaut, wie wenn es ein Gegenwärtiges wäre. Wie man in der Sinneswahrnehmung den Sinn nach den Dingen hinlenkt, die im Raume nebeneinander sind, so lenkt man die erwachte Aktivität der Seele im Imaginieren nach den verschiedenen Geschehnissen des eigenen Lebenslaufes hin. Man hat den zeitlichen Verlauf als Einheit vor sich. Der Inhalt des Werdens tritt als ein augenblicklich Gegenwärtiges auf.

Aber man hat im höheren Bewußtsein etwas anderes als die Erinnerungen des gewöhnlichen Bewußtseins. Man hat die Tätigkeit des vorher diesem Bewußtsein unbekannten ätherischen Organismus vor sich. Die Erinnerungen des gewöhnlichen Bewußtseins sind nur Bilder dessen, was der Mensch durch seinen physischen Organismus mit der Außenwelt erlebt hat. Das imaginative Bewußtsein aber erlebt die Tätigkeit, welche der ätherische Organismus am physischen Organismus vollbracht hat.

Das Auftauchen dieses Erlebens geschieht so, daß man das Gefühl hat, es steigt aus den Seelentiefen etwas herauf, das vorher in der eigenen Wesenheit zwar gesteckt hat, das aber nicht in das Bewußtsein herauf seine Wellen getrieben hat. Alles dieses muß in voller Besonnenheit erlebt werden. Das ist der Fall, wenn das gewöhnliche Bewußtsein neben dem imaginativen vollkommen erhalten bleibt. Man muß die Erlebnisse, die man an der Wechselwirkung zwischen ätherischem und physischem Organismus macht, stets in Beziehung bringen können zu dem entsprechenden Erinnerungsleben des gewöhnlichen Bewußtseins. Wer das nicht kann, hat es nicht mit einer Imagination zu tun, sondern mit einem visionären Erleben.

In dem visionären Erleben ist das Bewußtsein nicht wie bei der Imagination mit einem neuen Inhalt erfüllt, der zu dem alten hinzukommt, sondern es ist verwandelt; der alte Inhalt kann neben dem neuen nicht gegenwärtig gemacht werden. Der Imaginierende hat seinen gewöhnlichen Menschen neben sich; der Visionär hat sich ganz in einen andern Menschen verwandelt.

Wer die anthroposophische Forschung von außen kritisiert, muß das beachten. Es kommt immer wieder vor, daß die imaginative Erkenntnis so beurteilt wird, als ob sie zu einem Visionären führte. Ein solches muß gerade der wahre Geistesforscher im strengsten Sinne von sich weisen. Er setzt nicht an die Stelle des gewöhnlichen Bewußtseins ein visionäres; sondern er gliedert dem gewöhnlichen das imaginative ein. Bei ihm waltet in jedem Augenblicke die volle Kontrolle des imaginativ Erlebten durch das gewöhnliche Denken. Das visionäre Vorstellen ist ein stärkeres Hineinleben des «Ich» in den physischen Organismus, als das beim gewöhnlichen Bewußtsein der Fall ist. Das Imaginieren ist ein wirkliches Heraustreten aus dem physischen Organismus; und es bleibt daneben der gewöhnliche Bestand der Seele in dem physischen Organismus bewußt erhalten. Man wird bewußt in einem Teile der Seele, der vorher unbewußt war; aber der Seelenteil, der vorher im physischen Organismus bewußt war, bleibt in dem gleichen seelischen Erleben. Das Wechselverhältnis zwischen dem Erleben des Imaginierten und demjenigen des gewöhnlichen Bewußtseins ist ein ebenso besonnenes Erfahren der Seele wie das Hin- und Herlenken der Seelentätigkeit von einer Vorstellung zur andern im gewöhnlichen Bewußtsein. Berücksichtigt man dieses, so wird man die imaginative Erkenntnis nicht so beurteilen, als ob sie etwas Visionäres wäre. Sie ist, im Gegenteil, dazu geeignet, alle Neigungen zum Visionären zu vertreiben. Aber der imaginativ Erkennende ist auch in der Lage, einzusehen, daß in den Visionen nicht körperfreie Erlebnisse gegeben sind, sondern solche, die in einem viel höheren Grade vom Körper abhängig sind als die Sinneserlebnisse. Denn er kann den Charakter der Visionen mit dem der wirklich körperfreien Imaginationen vergleichen. Der Visionär steckt tiefer in seinen physischen Körperfunktionen darinnen als derjenige, der auf gewöhnliche Art seine Sinneswahrnehmungen erlebt.

Tritt die Imagination ein, dann wird das gewöhnliche Denken als etwas erkannt, das keinen substantiellen Bestand in sich hat. Als der substantielle Inhalt dieses gewöhnlichen Denkens ergibt sich dasjenige, was man mit der Imagination in das Bewußtsein einführt. Das gewöhnliche Denken läßt sich in der Tat vergleichen mit einem Spiegelbild. Aber während im gewöhnlichen Bewußtsein das Spiegelbild entsteht, ist das auf unbewußte Art lebendig, was in der Imagination auftritt. Man imaginiert auch im gewöhnlichen Seelenleben; aber unbewußt. Imaginierte man nicht, so dächte man nicht. Die bewußten Gedanken des gewöhnlichen Seelenlebens sind die von dem physischen Organismus reflektierten Spiegelbilder des unbewußten Imaginierens. Und das Substantielle dieses Imaginierens ist der ätherische Organismus, der in der irdischen Lebensentwickelung des Menschen sich offenbart.

Mit der Inspiration tritt ein neues Element in das Bewußtsein ein. Von dem eigenen menschlichen Lebenslauf muß, um zur Inspiration zu kommen, so abstrahiert werden, wie das in den vorigen Betrachtungen dargestellt worden ist. Aber die Kraft der Aktivität, welche sich die Seele durch das Imaginieren errungen hat, bleibt dabei erhalten. Im Besitze dieser Kraft kann die Seele zu Vorstellungen von demjenigen gelangen, was im Weltall dem ätherischen Organismus ebenso zugrunde liegt, wie dieser dem physischen.

Und damit wird die Seele vor ihre eigene ewige Wesenheit gestellt. Im gewöhnlichen Bewußtsein ist es so, daß die Seele, wenn sie vorstellend aktiv werden will, dies nur kann, indem sie den physischen Organismus ergreift. Sie taucht in denselben unter, und er reflektiert ihr in den Vorstellungsbildern dasjenige, was sie mit ihrem ätherischen Organismus erlebt. Diesen selbst erlebt sie aber in seiner Tätigkeit nicht. Im imaginativen Bewußtsein wird dann dieser ätherische Organismus selbst erlebt. Aber es geschieht dies dadurch, daß die Seele mit ihrem Erleben zu dem astralen Organismus weiter zurückgegangen ist. Solange die Seele bloß imaginiert, lebt sie im astralischen Organismus unbewußt, und der physische und ätherische werden angeschaut; sobald die Seele in inspirierter Erkenntnis ist, wird auch der astralische Organismus angeschaut. Denn die Seele lebt jetzt in ihrem ewigen Wesenskerne. Diesen anzuschauen, vermag die Seele durch das Fortschreiten zur intuitiven Erkenntnis. Durch diese lebt sie in der geistigen Welt, wie sie im gewöhnlichen Dasein in ihrem physischen Organismus lebt.

Die Seele erkennt auf diese Art, wie physischer, ätherischer und astralischer Organismus aus der geistigen Welt sich herausbilden. Aber sie kann auch das Fortwirken des Geistigen an der Organisation des Erdenwesens «Mensch» beobachten. Sie sieht, wie der geistige Wesenskern des Menschen in den physischen, ätherischen und astralischen Organismus untertaucht. Dieses Untertauchen ist nicht etwa ein Hineinschlüpfen eines Geistigen in ein Physisches, so daß das erstere dann das letztere bewohnte. Nein, es ist ein Verwandeln eines Teiles der Menschenseele in die physische und ätherische Organisation. *Dieser* Teil der Menschenseele *verschwindet* während des Erdenlebens, indem er sich in den physischen und ätherischen Organismus *verwandelt*. Es ist derjenige Teil der Seele, der von dem gewöhnlichen Bewußtsein in seinem Abglanz durch das Denken erlebt wird. Aber die Seele taucht auf einer andern Seite wieder auf. Es ist das der Fall mit demjenigen ihrer Teile, der im Erdendasein als Wollen erlebt wird. Das Wollen hat einen andern Charakter als das Denken. Im Wollen trägt der Mensch auch während des gewöhnlichen Wachlebens einen schlafenden Teil in sich. Das Gedachte steht klar vor der Seele. Der Mensch ist denkend wirklich ein vollerwachter. Das ist beim Wollen nicht der Fall. Der Wille wird durch den Gedanken angeregt. Soweit der Gedanke reicht, reicht auch das wache Bewußtsein. Aber dann taucht der Willensakt unter in den menschlichen Organismus. Bewege ich durch den Willen meine Hand, so habe ich im gewöhnlichen Bewußtsein den veranlassenden Gedanken als Anfang und die Anschauung der Hand-Erhebung mit allen begleitenden gefühlsmäßigen Seelenerlebnissen als Ende der Willenswirkung. Die Mitte bleibt unbewußt. Was aber in den Tiefen des Organismus vor sich geht, wenn ein Wollen im Menschen abläuft, das entzieht sich dem gewöhnlichen Bewußtsein geradeso wie die Erlebnisse des Schlafes. Der Mensch hat immerfort auch im Wachen einen schlafenden Teil in sich.

Dieser Teil ist dasjenige, in dem vom Geist-Seelischen während des Erdendaseins das weiterlebt, was sich nicht in den physischen Organismus verwandelt. Man erschaut diese Verhältnisse, wenn durch die in den vorigen Betrachtungen geschilderten Willensübungen die wahre Intuition herbeigeführt worden ist. Dann erkennt man hinter dem Wollen den ewigen Teil der Menschenseele. Dieser verwandelt sich in die Kopforganisation; er verschwindet in deren Form und Leben während des Erdenlebens, und taucht auf der andern Seite wieder auf, um durch den Tod hindurchzugehen und wieder zur Mitarbeit an einem zukünftigen physischen Erdenkörper und Erdenleben reif zu werden. Damit dringt diese Betrachtung an das Ereignis des Todes im Menschenleben heran, das in der nächsten Betrachtung weiter geschildert werden soll. Denn man kommt durch die Anschauung, die ich heute entwickelt habe, nur zu dem Fortleben des Wollens und zu einer Erkenntnis eines Seelenteiles aus der Vergangenheit, der sich in die menschliche Kopforganisation verwandelt. Man kommt aber nicht zu dem Schicksal des Ich-Bewußtseins. Dieses kann nur im Zusammenhange mit dem Christusproblem behandelt werden. Daher wird die entsprechende Betrachtung wieder zu einer

Anschauung der Geheimnisse des Christentums zurückführen.

Die gewöhnliche Ideen-*Philosophie* verläuft in Gedanken; aber man hat in diesen Gedanken kein Leben, keine Substanz. Man erhält die Substanz, wenn einem in der Imagination der physische Organismus entfällt. Vorher waren eben die Gedanken der Philosophie nur Spiegelbilder in der geschilderten Art. Gestaltet man diese zur Philosophie aus, so muß man deren Unwirkliches empfinden, wenn man sich unbefangen in sie einlebt. Man empfindet dann ahnend den Moment, der hier charakterisiert worden ist als der, in dem das erinnerte Denken ganz verschwindet. Augustinus und Descartes haben das empfunden, aber es sich ungenügend als «Zweifeln» gedeutet. Es erhält aber die Philosophie Leben, wenn die Einheit des Lebenslaufes substantiiert in der Seele auftaucht. Das hat Bergson empfunden und in seiner Idee der «Dauer» zum Ausdrucke gebracht. Aber er ist von diesem Punkte aus nicht weitergegangen. Wie es, aus diesen Verhältnissen heraus, mit der Kosmologie und Religionserkenntnis steht, soll im weiteren betrachtet werden.

IX

DAS SCHICKSAL DES ICH-BEWUSSTSEINS IM ZUSAMMENHANG MIT DEM CHRISTUS-PROBLEM

Das Seelenleben im Erdendasein vollzieht sich in den Tatsachen des Denkens, Fühlens und Wollens. Im Denken erscheint ein Spiegelbild dessen, was der astralische Organismus und die Ich-Wesenheit innerhalb der physisch-sinnlichen Welt erleben. Ein anderes Erleben dieser höhern Glieder der Menschenwesenheit geschieht während des Schlafzustandes. Aber dieses Erleben bleibt im Erdendasein unbewußt. Die Seele ist da in ihrem Innern zu schwach, um ihren eigenen Inhalt sich selbst vor das Bewußtsein zu stellen. Sobald das schauende Bewußtsein diesen Inhalt erlebt, stellt er sich als ein rein geistig-seelischer dar.

Mit dem Erwachen treten der astralische Organismus und die Ich-Wesenheit in den ätherischen und physischen Organismus ein. Durch das Denken werden die Sinneswahrnehmungen im ätherischen Organismus erlebt. Aber in diesem Erleben ist nicht die Welt wirksam, die den Menschen umgibt, sondern eine Nachbildung dieser Welt. In dieser Nachbildung offenbart sich die Summe der bildenden Kräfte, die dem Erden-Lebenslauf des Menschen zugrunde liegen. In jedem Lebensaugenblicke ist eine solche Nachbildung der Außenwelt im Menschen vorhanden. Der Mensch erlebt diese Nachbildung durch das Denken nicht direkt, sondern es stellt sich deren Reflexion durch den physischen Organismus als Gedankeninhalt vor das gewöhnliche Bewußtsein.

Was hinter der reflektierenden Tätigkeit des Denkens im physischen Organismus vor sich geht, das kann durch das gewöhnliche Bewußtsein nicht wahrgenommen werden, sondern nur das Ergebnis, welches die als Gedanken sich darstellenden reflektierten Bilder sind. Diese nicht wahrgenommenen Vorgänge im physischen Organismus sind Tätigkeiten des ätherischen und astralischen Organismus und der Ich-Wesenheit. Der Mensch nimmt in seinen Gedanken dasjenige wahr, was er selbst als seelisch-geistiges Wesen in seinem physischen Organismus bewirkt.

Im ätherischen Organismus lebt eine Nachbildung der äußeren Welt als eine innere Tätigkeit, die den physischen Organismus erfüllt. Im astralischen Organismus lebt ein Nachbild des vorirdischen Daseins; in der Ich-Wesenheit lebt der ewige Wesenskern des Menschen.

Im ätherischen Organismus ist die äußere Welt im Menschen tätig. Im astralischen Organismus ist dasjenige nachwirkend tätig, was der Mensch im vorirdischen Dasein erlebt hat. Diese Tätigkeit ist ihrem Wesen nach während des Erdendaseins keine andere geworden, als sie während des vorirdischen Daseins war. Sie war eine solche, die im geistig verwandelten physischen Organismus sich vollzog. Im Wachzustand ist sie eine ähnliche. Die innere Kopforganisation des Menschen ist in einem fortwährenden Bestreben begriffen, aus dem physischen Zustand in einen geistigen umgewandelt zu werden. Aber diese Umwandlung tritt während des Erdendaseins nur als Anlage auf. Die physische Organisation leistet Widerstand. In dem Augenblicke, in dem der astralische

Organismus in seiner umwandelnden Tätigkeit an dem Punkte angekommen ist, an dem die innere physische Kopforganisation als physische zerfallen müßte, tritt der Schlafzustand ein. Dieser führt der inneren Kopforganisation aus dem übrigen physischen Organismus wieder die Kräfte zu, durch die sie in der physischen Welt bestehen kann.

Diese Kräfte liegen im ätherischen Organismus. Dieser wird während des Wachzustandes innerhalb der Kopforganisation immer undifferenzierter; während des Schlafzustandes differenziert er sich innerlich zu bestimmten Gestaltungen. In diesen Gestaltungen offenbaren sich die Kräfte, die während des Erdendaseins für den physischen Organismus aufbauend wirken.

In der Kopforganisation vollzieht sich also während des Wachzustandes eine zweifache Tätigkeit: eine aufbauende durch den ätherischen Organismus und eine abbauende, das ist eine solche, welche die physische Organisation zerstört. Diese Zerstörung wird durch den astralischen Organismus bewirkt.

Durch diese astralische Tätigkeit hat der Mensch den Tod während seines Erdendaseins dauernd in sich. Dieser Tod wird nur jeden Tag durch die ihm entgegenwirkenden Kräfte besiegt. Aber den fortwährend sich vollziehenden Todeswirkungen verdankt man das gewöhnliche Bewußtsein. Denn in dem ersterbenden Leben der Kopforganisation liegt dasjenige, was geeignet wird, die Seelentätigkeit als Gedanken-Erleben zu reflektieren. Eine zum Leben drängende organisch-sprossende Tätigkeit kann kein Gedankenweben hervorbringen. Dazu ist eine nach dem Sterben hin tendierende notwendig. Die organisch-sprossende Tätigkeit dämpft das Gedankenweben zur Betäubung oder Bewußtlosigkeit herab.

Was sich im physischen Tode einmal mit dem ganzen menschlichen Organismus vollzieht, das begleitet das menschliche Dasein während des Erdenlebens als eine Anlage, ja als ein sich fortwährend bildender Anfang des Sterbens immer fort. Und diesem Ersterben in sich verdankt der Mensch sein gewöhnliches Bewußtsein. Vor dieses Bewußtsein stellen sich der ätherische und der physische Organismus hin wie undurchsichtige Wesenheiten; der Mensch schaut nicht sie, sondern die Gedankenspiegelbilder, die sie ihm zurückwerfen und die er in seiner Seele erlebt. Die physische und ätherische Organisation verdecken ihm die astralische Organisation und die Ich-Wesenheit. *Weil* das Bewußtsein der Seele durch die Reflexion des physischen Organismus im gewöhnlichen Erdendasein erfüllt ist, kann der Mensch seine ätherische und astralische Organisation sowie seine Ich-Wesenheit nicht wahrnehmen.

Mit dem Tode löst sich der physische Organismus von dem ätherischen und astralischen und von der Ich-Wesenheit los. Der Mensch trägt nun seinen ätherischen und astralischen Organismus sowie seine Ich-Wesenheit an sich. Durch das Wegfallen des physischen Organismus ist für das Bewußtwerden der ätherischen Organisation durch den Menschen kein Hindernis mehr da. Vor die Menschenseele tritt das Bild des eben verflossenen Erdenlebens. Denn dieses Bild ist nur der Ausdruck der gestaltenden Bildekräfte, welche in ihrer Summe den ätherischen Leib darstellen.

Was so im ätherischen Leib lebt, ist aus dem ätherischen Wesen des Kosmos in den Menschen hineingewoben. Es kann sich nie ganz vom Kosmos ablösen. Es setzt sich das kosmisch-ätherische Geschehen in die menschliche Organisation herein fort; und die innermenschliche Fortsetzung ist der Ätherorganismus. Daher kommt es, daß in dem Momente, in dem nach dem Tode der Mensch in seiner ätherischen Organisation sich bewußt wird, dieses Bewußtsein auch schon beginnt, sich in ein kosmisches Bewußtsein umzuwandeln. Der Mensch fühlt den Weltenäther geradeso wie seinen Ätherorganismus als etwas, was in seiner eigenen Wesenheit ist. Das heißt aber in Wirklichkeit: der Ätherleib löst sich nach ganz kurzer Zeit im Weltenäther auf. Der Mensch behält sein Inneres, das während des Erdendaseins an den physischen und ätherischen Organismus gebunden war, seinen astralischen Organismus und seine Ich-Wesenheit zurück.

Die astralische Wesenheit ist nie ganz in den physischen Organismus eingegliedert. Die Kopforganisation stellt eine völlige Umwandlung dieses astralischen Organismus und der Ich-Wesenheit dar. Aber in allem, was rhythmische Organisation des Menschen ist, in dem Atmungsvorgange, der Blutzirkulation und in den andern rhythmischen Prozessen leben die astralische Organisation und die Ich-Wesenheit mit einer gewissen Selbständigkeit fort. Deren Tätigkeiten werden durch diese Prozesse nicht so reflektiert wie durch die Kopforganisation. Mit den rhythmischen Vorgängen vereinigen sich die astralische Organisation und die Ich-Wesenheit. Es entsteht da eine geistig-physische Wesenheit, die im gewöhnlichen Bewußtsein als Gefühlsleben zur Erscheinung kommt. In dem Gefühlsleben verbindet sich dasjenige, was der Mensch durch seine Gedanken mit der Sinneswelt zusammen erlebt, mit dem astralischen Organismus und der Ich-Wesenheit.

Man muß diese Verbindung in ihren Einzelheiten betrachten. Man nehme an: der Mensch vollbringe etwas in der Sinnenwelt. Es bleibt für sein Seelenleben nicht bei dem äußeren Geschehen. Er beurteilt die eigene Tat. Dieses Beurteilen geschieht aber nicht im Gedankenleben allein, sondern der Impuls dazu kommt aus dem astralischen Organismus, der in der Vereinigung mit den rhythmischen Vorgängen sich auch im physischen Dasein offenbart. In das Gedankenleben, das in Reflexbildern verläuft, fügt sich ein Abglanz des moralischen Urteilens ein. Dieser Abglanz erscheint innerhalb der reflektierten Gedankenwelt selbst mit dem Charakter der bloß reflektierten Gedankenwesenheit. Im astralisch-rhythmischen Organismus lebt er aber in seiner Wirklichkeit. Diese Wirklichkeit tritt während des Erdendaseins nicht in das gewöhnliche Bewußtsein ein. Der Eintritt wird dadurch verhindert, daß die physischen rhythmischen Prozesse stärker gefühlt werden als ihre geistigen Begleitprozesse. Ist im Tode der physische Organismus abgeworfen, sind die physischen rhythmischen Prozesse nicht mehr im Menschen-Erleben da, dann tritt in das kosmische Bewußtsein die Anschauung von dem, was die Taten des Menschen vor der geistig-kosmischen Welt bedeuten. Dieses kosmische Bewußtsein bildet sich aus, nachdem der ätherische Organismus ausgeschieden ist. Der Mensch schaut sich in diesem Zustande selbst als moralische

Gestaltung an, wie er sich im Erdendasein als physische Gestaltung angesehen hat. Er hat jetzt ein Inneres, das gestaltet ist von der moralischen Qualität seiner Erdenbetätigung. Er schaut seinen astralischen Organismus an. Aber in diesen astralischen Organismus leuchtet die geistig-kosmische Welt hinein. Was sie zu den im Erdendasein vollbrachten Menschentaten sagt, das steht als ein Tatsachenbild vor der Menschenseele.

Der Mensch tritt mit dem Tode in eine Form des Erlebens ein, in der er einen andern Rhythmus erlebt als im Erdendasein. Dieser Rhythmus erscheint wie in einer kosmischen Nachbildung der Erdenbetätigung. Und in dieses Nach-Erleben strömt fortwährend das Leben des Geist-Kosmos herein wie im Erdenleben die Atemluft in die Lunge. In dem bewußten kosmischen Erleben erscheint ein Rhythmus, von dem der physische ein Abbild ist. Durch den kosmischen Rhythmus gliedert sich, was durch den Menschen im Erdendasein geschieht, als eine Welt mit moralischen Qualitäten in eine amoralische Welt ein. Und der Mensch erlebt nach seinem Tode diesen im Schoße des Kosmos sich ausbildenden moralischen Wesenskern eines künftigen Kosmos, der nicht nur wie der gegenwärtige in einer rein natürlichen Ordnung sich ausleben wird, sondern in einer moralisch-natürlichen. Die Grundempfindung, welche die Seele durchzieht während dieses Erlebens in einer werdenden kosmischen Welt, ist ihr durch die Frage gegeben: werde ich würdig sein, mich in einem kommenden Dasein in die moralisch-natürliche Weltordnung einzugliedern.

Ich habe die Welt der Erlebnisse, die in dieser Art der Mensch nach dem Tode durchmacht, in meinem Buche

«Theosophie» die *«Seelenwelt»* genannt. Das durch die Inspiration auftretende Bewußtsein von dieser Welt gibt erst den Inhalt für eine wahre *Kosmologie*, wie eine imaginative Erkenntnis des realen menschlichen Lebenslaufes den Inhalt ergibt für eine wahre Philosophie.

Aus demjenigen kosmischen Bewußtsein heraus, in das die kosmische Nachwirkung der menschlichen Erdentaten hineinwirkt, können nicht die ausreichenden Impulse gewonnen werden, aus denen die Menschenseele im Geistigen den kommenden physischen Organismus vorbereiten kann. Dieser Organismus würde verdorben werden, wenn die Seele in der Seelenwelt verbleiben würde. Sie muß in eine Welt des Erlebens eintreten, in der die außermenschlichen geistigen Impulse des Kosmos wirken. Ich habe diese Welt in dem genannten Buche das *«Geisterland»* genannt.

Die alten Initiierten konnten aus ihrem durch die Initiation erworbenen Wissen ihren Bekennern sagen: das geistige Wesen, das in der physischen Welt in der Sonne seinen Abglanz hat, werdet ihr nach dem Tode in der geistigen Welt finden. Es wird euch aus der Seelenwelt in das Geisterland führen. Ihr werdet durch seine Führung gereinigt werden, so daß ihr im Geisterland fähig werdet, einen weltgemäßen physischen Organismus vorzubereiten.

Die Initiierten zur Zeit des Mysteriums von Golgatha und die der ersten christlichen Jahrhunderte mußten zu ihren Bekennern sagen: Der Grad des Ich-Bewußtseins, den ihr während des Erdendaseins erlanget, wird durch sein eigenes Wesen auf Erden so hell, daß sein Gegenpol, der nach dem Tode auftritt, so dunkel ist, daß ihr den geistigen Sonnenführer nicht sehen könntet. Deshalb ist das Sonnenwesen als Christus auf die Erde herabgestiegen und hat das Mysterium von Golgatha vollbracht. Durchdringet ihr euch nun schon während der Erdenzeit mit einem lebendigen Gefühle eures Zusammenhanges mit dem Mysterium von Golgatha, so wird dessen Sinn dem Erdenleben eingegliedert und wirkt in der Menschenwesenheit nach dem Tode fort. Ihr könnt dann den Christusführer durch diese Nachwirkung erkennen. –

Vom vierten Jahrhundert an ist dieses alte initiierte Wissen innerhalb der Menschheitsentwickelung verlorengegangen. Eine erneute christliche Religionserkenntnis muß auch das Wirken Christi für die Menschheit bis in die Erlebnisse nach dem Tode hinaus aus der Inspiration wieder in die kosmologische Wissenschaft einführen. Wie das im Wollen verborgene Geschehen des menschlichen Erdendaseins bis nach dem Tode hinaus wirkt, das zu schildern bleibt nun die Aufgabe der nächsten Darstellung.

X

DAS ERLEBEN DES WILLENSTEILS DER SEELE

Wenn das gewöhnliche Bewußtsein den Willen in Tätigkeit versetzt, so ist ein Teil des astralischen Organismus besonders wirksam, der mit dem physischen Organismus in einer loseren Verbindung steht als derjenige, der dem Fühlen entspricht. Und dieser dem Fühlen entsprechende Teil des Astralorganismus ist schon loser mit dem physischen Organismus verbunden als der dem Denken entsprechende. Zugleich liegt in dem Astralorganismus des Willens die wahre Wesenheit des «Ich». Während dem Gefühl ein Seelisch-Geistiges entspricht, das mit dem rhythmischen Teil des physischen Organismus fortwährend in tätiger Verbindung ist, durchdringt der Willensteil der Seele den Stoffwechsel-Organismus und die Gliedmaßen-Organisation zwar fortwährend; aber er ist mit diesen Gliedern des Menschenwesens in einer tätigen Verbindung nur, während sich ein Wollen vollzieht.

Die Beziehung des denkenden Seelenteiles zur Kopforganisation ist ein Hingegebensein des Geistig-Seelischen an das Physische. Die Beziehung der fühlenden Seele an die rhythmische Organisation ist ein abwechselndes Hingegebensein und Sich-wieder-Zurückziehen. Der Willensteil aber steht zum Physischen in einer Beziehung, die er zunächst als ein unbewußtes Seelisches erlebt. Es ist ein unbewußtes Begehren nach dem physischen und ätherischen Geschehen. Dieser Willensteil geht durch seine eigene Wesenheit nicht in die physische Tätigkeit auf. Er hält sich von ihr zurück und bleibt seelisch-geistig lebend.

Nur wenn der denkende Seelenteil seine Tätigkeit in die Stoffwechsel- und Gliedmaßen-Organisation hinein erstreckt, dann wird der Willensteil angeregt, sich an die physische und ätherische Organisation hinzugeben und in ihr tätig zu sein.

Dem denkenden Seelenteil liegt eine abbauende Tätigkeit des physischen Organismus zugrunde. Im Bilden von Gedanken erstreckt sich dieser Abbau nur auf die Kopforganisation. Wenn ein Willensmäßiges entstehen soll, so ergreift die abbauende Tätigkeit die Stoffwechsel- und die Gliedmaßen-Organisation. Die Gedankenkraft strömt in den Rumpf- und Gliedmaßen-Organismus ein, in denen ihr eine abbauende Tätigkeit des physischen Organismus entspricht. Das regt den Willensteil der Seele an, dem Abbau einen Aufbau, der auflösenden organischen Tätigkeit eine bildende, gestaltende entgegenzusetzen.

Tod und Leben kämpfen so im Menschenwesen. Im Denken offenbart sich eine stets im Absterben begriffene organische Tätigkeit; im Wollen offenbart sich ein Lebenweckendes, Leben-erschaffendes.

Bei denjenigen Seelenübungen, welche mit dem Ziele der übersinnlichen Anschauung als Willensübungen unternommen werden, tritt ein Erfolg nur ein, wenn sie zu einem innerlichen Schmerzerlebnis werden. Wer seinen Willen zu einer erhöhten Energie bringt, bei dem stellt sich ein Leidgefühl ein. In älteren Epochen der Menschheitsentwickelung wurde dieser Schmerz unmittelbar durch asketische Übungen herbeigeführt. Durch diese wurde der Körper in einen Zustand versetzt, der es dem Seelischen schwer machte, sich an ihn hinzugeben. Dadurch wurde der Willensteil der Seele von dem Körper losgerissen und zum selbständigen Erleben der geistigen Welt angeregt.

Diese Art von Übungen ist derjenigen Menschenorganisation, die im gegenwärtigen Zeitpunkt der Erdenentwickelung erreicht ist, nicht mehr angemessen. Der menschliche Organismus ist jetzt so beschaffen, daß man ihn als die Grundlage der Ich-Entwickelung stört, wenn man die alten Übungen zur Askese anstellt. Man muß jetzt das Gegenteil machen. Die Seelenübungen, die in der gegenwärtigen Zeit notwendig sind, um den Willensteil der Seele leibfrei zu machen, bildeten den Gegenstand einer Charakteristik in den vorangehenden Darstellungen. Sie bringen die Erstarkung dieses Seelenteiles nicht von der Körperseite her zustande, sondern von der Seelenseite. Sie erkraften das Seelisch-Geistige im Menschen und lassen das Physisch-Körperliche unberührt.

Man kann schon vom gewöhnlichen Bewußtsein aus sehen, wie das Schmerzerlebnis mit der Entwickelung der seelischen Erfahrungen zusammenhängt. Jeder, der sich einiges an Erkenntnissen höherer Art errungen hat, wird sagen: Für die glücklichen, lustbringenden Einschläge in mein Leben bin ich dem Schicksal dankbar; meine in wahrer Wirklichkeit wurzelnden Lebens-Erkenntnisse verdanke ich aber meinen bitteren, meinen leidvollen Erlebnissen.

Soll der Willensteil der Seele verstärkt werden, wie es zur Erlangung der intuitiven Erkenntnis notwendig ist, dann muß zunächst das Begehren verstärkt werden, das im gewöhnlichen Menschenleben durch den physischen Organismus sich auslebt. Es geschieht dieses durch die charakterisierten Übungen. Wird dieses Begehren dann so, daß der physische Organismus in seinem Erdenbestande für dasselbe keine Grundlage sein kann, dann geht das Erleben des Willensteiles der Seele in die geistige Welt über; und das intuitive Anschauen tritt ein. Es wird also für dieses Anschauen der geistig-ewige Teil des Seelenlebens seiner selbst bewußt. Wie das im Körper lebende Bewußtsein *diesen* in sich erlebt, so erlebt das geistige Bewußtsein den Inhalt einer geistigen Welt.

In dem Wechselgeschehen von Aufbau und Abbau der menschlichen Organisation, wie es sich in der denkenden, fühlenden und wollenden Menschheitsorganisation offenbart, muß man den mehr oder weniger normalen menschlichen Lebenslauf des Erdendaseins sehen. Er ist in der Kindheit anders als beim erwachsenen Menschen. Ein Durchschauen, wie die abbauenden und aufbauenden Kräfte in der Kindheit wirken und welche Wirkung auf sie durch die Erziehung und den Unterricht ausgeübt werden, ist die Aufgabe einer wahren Pädagogik. Eine solche kann nur entstehen aus der im Übersinnlichen wurzelnden Erkenntnis der vollständigen Menschennatur nach deren körperlichem, seelischem und geistigem Wesen. Eine Erkenntnis, die nur in den Grenzen des naturwissenschaftlich Erreichbaren sich hält, kann nicht die Grundlage einer wahren Pädagogik sein.

In dem kranken Menschen ist der mehr oder weniger normale Verlauf des Wechselverhältnisses zwischen aufbauenden und abbauenden Kräften für den ganzen Organismus oder für einzelne Organe gestört. Es überwiegt da entweder der Aufbau in einem wuchernden Leben, oder

der Abbau in ertötenden Bildungen einzelner Organe oder Vorgänge. Überschauen, was da vorgeht, kann nur derjenige, welcher die totale Menschenorganisation nach physischem, ätherischem, astralischem Organismus und Ich-Wesenheit erkennt. Und die Mittel zur Heilung können auch nur durch eine solche Erkenntnis gefunden werden. Denn in den Reichen der äußeren Welt sind mineralische und pflanzliche Wesen vorhanden, in denen man bei aufbauender Erkenntnis Kräfte erkennt, die einer bestimmten Art von zu stark aufbauenden oder abbauenden Kräften im Organismus entgegenwirken. Ebenso kann ein solches Entgegenwirken in gewissen Verrichtungen des Organismus selbst gefunden werden, die für den gesunden Zustand nicht ausgeführt oder angeregt werden. Eine wahre medizinische Erkenntnis, eine echte Pathologie und Therapie können nur auf einer Geist, Seele und Leib umfassenden Menschen-Erkenntnis auferbaut sein, welche die Ergebnisse der Imagination, Inspiration und Intuition verwertet. Heute nennt man die Forderung nach einer solchen Medizin noch kindlich. Man tut dieses, weil man auf dem Gesichtspunkt einer bloßen Sinneswissenschaft steht. Von diesem Standpunkt aus ist das ganz begreiflich, denn man ahnt von ihm aus nicht, wieviel mehr man wissen muß für eine Erkenntnis des ganzen Menschen als für diejenige des bloßen Menschenkörpers. Man kann wirklich sagen, daß Anthroposophie die Einwände ihrer Gegner kennt und zu würdigen versteht. Gerade deshalb aber weiß sie auch, wie schwer diese Gegner durch sie zu überzeugen sind.

Der Willensteil der Seele erlebt dasjenige mit, was in dem Gefühlsteil vor sich geht. Dieses Erleben vollzieht sich für das gewöhnliche Seelenleben unbewußt. Aber es geht in den Tiefen der Menschenorganisation als ein Tatsachenzusammenhang vor sich. Da gestaltet sich das durch Gefühl und Wille vollzogene Bewerten der menschlichen Erdentätigkeit zu dem Streben um, der minderwertigen Tat eine wertvolle im weiteren Erleben entgegenzusetzen. Es wird die ganze moralische Qualität des Menschen unbewußt erlebt; und aus diesem Erleben formt sich eine Art geistig-seelischer Wesenheit, die während des Erdendaseins in der unbewußten Region des Menschenwesens heranwächst. Sie stellt dasjenige dar, was sich als zu erreichendes Ziel aus dem Erdendasein ergibt, zu dem aber der Mensch in *diesem* nicht gelangen kann, weil der physische und ätherische Organismus, die aus dem vorigen Erdenleben ihre bestimmte Gestaltung haben, dies nicht ermöglichen. Es lebt deshalb in dem Menschen durch diese geistig-seelische Wesenheit das Bestreben, einen andern physischen und ätherischen Organismus zu bilden, durch den das moralische Ergebnis des Erdendaseins im weiteren Erleben umgestaltet werden kann.

Die Bildung eines solchen physischen und ätherischen Organismus kann nur bewirkt werden, indem der Mensch die gekennzeichnete geistig-seelische Wesenheit durch die Pforte des Todes in die übersinnliche Welt trägt.

Unmittelbar nach dem Tode hat der seelisch-geistige Mensch kurze Zeit den ätherischen Organismus an sich. Da tritt in dem Bewußtsein nur eine Andeutung des im Erdenleben entstandenen, unbewußten moralischen geistig-seelischen Wert-Wesens auf. Denn der Mensch ist da ganz in die Anschauung des ätherischen Kosmos versunken. In dem folgenden längeren Erlebniszustande (den ich in meiner «Theosophie» die Seelenwelt genannt habe) ist zwar ein deutliches Bewußtsein dieser moralischen Wertwesenheit vorhanden, aber noch nicht die Kraft, das Wirken an dem Aufbau des Geistkeimes für den folgenden physischen Erdenorganismus zu beginnen. Der Mensch hat da noch eine Tendenz, wegen seiner im Erdenleben erworbenen moralischen Qualität nach diesem zurückzublicken. Nach einer gewissen Zeit kann der Mensch den Übergang zu einem Erlebniszustande finden, in dem diese Tendenz nicht mehr vorhanden ist. (Ich habe die Region, die der Mensch da durchlebt, in meiner «Theosophie» als das eigentliche Geistgebiet bezeichnet.) Vom Gesichtspunkte des übersinnlichen Gedankeninhaltes, den der Mensch – nach dem Tode – im kosmischen Bewußtsein erringt, kann man sagen: der Mensch lebt eine Zeitlang nach dem Tode noch der Erde zugewandt, indem er sich mit den geistigen Kräften durchdringt, die in den physischen Mondenerscheinungen ihr sinnliches Abbild haben. Er hat sich zwar äußerlich von der Erde losgelöst, hängt aber indirekt durch seinen geistig-seelischen Inhalt mit ihr zusammen. Mit den gekennzeichneten geistigen Mondenkräften durchdringt sich alles, was der Mensch während des Erdendaseins an moralisch-geistiger Bewertung zu einem realen Wert-Wesen in seinem astralischen Organismus – oder wie oben gesagt ist: in der unbewußten Region des gefühls- und willensgemäßen Seelenlebens – ausgestaltet. Dieses moralisch-geistige Wertwesen hat eine inhaltliche Verwandtschaft mit den geistigen Mondenkräften. Und diese sind es, die den

Menschen an der Erde festhalten. Zur Ausgestaltung des Geistkeimes für den physischen Organismus des nächsten Erdenlebens muß er sich aber auch geistig-seelisch von der Erde trennen. Das kann er nur, wenn er sich auch aus dem Bereiche der Mondenkräfte löst. In diesem Bereiche muß er das mit ihm verwandte moralische Wert-Wesen zurücklassen. Denn das Wirken für den künftigen physischen Organismus im Zusammenhange mit den geistigen Wesen der übersinnlichen Welt muß unbeschwert durch jenes Wesen geschehen.

Diese Loslösung aus dem Gebiet der geistigen Mondenkräfte kann der Mensch nicht durch die ihm eigenen geistig-seelischen Kräfte erreichen. Sie muß sich aber doch vollziehen.

Vor dem Mysterium von Golgatha war es so, daß die Initiationswissenschaft den Menschen sagen konnte: In einem gewissen Zeitpunkte des nachirdischen Daseins muß das menschliche Erleben der Mondensphäre entzogen werden, das den Menschen im Bereich des Planetenlebens erhält. Der Mensch kann dieses Entziehen nicht selbst bewirken. Da aber tritt das Wesen, dessen physischer Abglanz die Sonne ist, für ihn ein und führt ihn in eine reine Geistsphäre, in der es selbst, nicht aber die geistige Mondwesenheit wirksam ist. Der Mensch erlebt ein Sternendasein so, daß er die geistigen Urbilder der Fixsternkonstellationen gewissermaßen von der andern Seite, von der Peripherie des Kosmos aus schaut. Dieses Schauen ist, wenn sich ihm auch die Sterne offenbaren, doch ein unräumliches. Mit den Kräften, von denen der Mensch jetzt durchdrungen ist, erwächst ihm

die Möglichkeit, den Geist-Keim des physischen Organismus aus dem Kosmos heraus zu gestalten. Göttliches vollbringt in ihm Göttliches. Ist der Geist-Keim gereift, so beginnt der Heruntersteig zu einem erneuten Erdendasein. Der Mensch tritt wieder in die Mondensphäre ein. Er findet da die moralisch-geistige Wert-Wesenheit, die er beim Eintritt in das reine Sternendasein zurückgelassen hat; und er gliedert sie seinem seelisch-geistigen Wesen ein, um sie zur Grundlage seines schicksalgemäßen (kosmisch bestimmten) folgenden Erdenlebens zu machen.

Die Initiationswissenschaft des Christentums ergibt etwas anderes. Im Aufnehmen der Kraft, welche für die Seele aus dem anschauenden und tätigen Gefühls-Miterleben des irdischen Christuslebens und des Mysteriums von Golgatha erwächst, erringt der Mensch schon auf der Erde, nicht erst durch das Sonnenwesen nach dem Tode, die Fähigkeit, sich in einem bestimmten Zeitpunkte des nachirdischen Daseins dem Mondeneinfluß zu entziehen und in die reine Sternensphäre einzutreten. Diese Fähigkeit ist das geistige, nach dem Tode erlebte *Gegenbild* der durch das Ich-Bewußtsein im Erdenleben herbeigeführten *Freiheit.* Der Mensch übernimmt dann in der Zeit zwischen dem Tode und einer neuen Geburt sein in der Mondensphäre zurückgelassenes moralisch-geistiges Wert-Wesen als den Bildner seines Schicksals, das er dadurch während des folgenden Erdendaseins in Freiheit erleben kann. Er trägt auch in Freiheit die irdische Nachwirkung seines zwischen Tod und Geburt durchlebten gottdurchdrungenen Daseins als religiöses Bewußtsein in sich.

Eine neuere Initiationswissenschaft kann das durchschauen und die Wirksamkeit des Christus im menschlichen Dasein erkennen. Sie fügt zu einer lebensvollen Philosophie und einer Kosmologie, die den Geist-Kosmos miterkennt, eine Religionserkenntnis, welche den Christus als den Mittler eines erneuten religiösen Bewußtseins, als den Weltenführer in der Freiheit, anerkennt.

Skizzenhaft habe ich in diesen Darstellungen nur die mögliche Entstehung einer Philosophie, Kosmologie und Religionserkenntnis darstellen können. Es würde noch vieles zu sagen sein, wenn die Skizze zum farbigen Bilde werden sollte.

VOM SEELENLEBEN

I

DAS SEELENWESEN IM DÄMMERDUNKEL DES TRAUMES

Will der Mensch innerhalb des gewöhnlichen Erlebens sein Seelenwesen anschauen, so kann es nicht genügen, daß er den geistigen Blick nur gewissermaßen rückwärts wendet, um in sich hineinblickend das zu sehen, was er als ein in die Welt Hinausschauender ist. Er sieht auf diese Art nichts Neues. Er sieht, was er als Weltbetrachter ist, nur in einer andern Richtung. – Er ist im wachen Leben fast ganz an die Außenwelt hingegeben. Er lebt in seinen Sinnen. In deren Eindrücken lebt die Außenwelt weiter fort in dem menschlichen Innern. In diese Eindrücke weben sich die Gedanken. Auch in ihnen lebt die Außenwelt. Nur die Kraft, mit der die Außenwelt in den Gedanken ergriffen wird, kann als Eigenwesenheit des Menschen empfunden werden. Aber diese Empfindung einer Eigenkraft hat einen ganz allgemeinen, unbestimmten Charakter. Man kann in ihr mit dem gewöhnlichen Bewußtsein nichts unterscheiden. Wäre man darauf angewiesen, in ihr das Seelenwesen zu erkennen, so hätte man von demselben nichts als eine unbestimmte Eigen-Empfindung, von der man nicht wüßte, *was* sie ist.

Es ist das Unbefriedigende der auf diese Art zustande gekommenen Selbstbeobachtung, daß ihr das Seelenwesen sofort entschlüpft, da sie es fassen will. Menschen, die ernsthaft nach Erkenntnis streben, können durch dies Unbefriedigende zur Verzweiflung an aller Erkenntnis getrieben werden.

Deshalb haben sinnende Menschen fast immer auf

andern Wegen als durch solche Selbstbeobachtung die Erkenntnis des Seelenwesens gesucht. Sie fühlten im Sinnes-Anschauen und im gewöhnlichen Denken das Hingegebensein jener unbestimmten Eigen-Empfindung an den Körper. Sie erkannten, daß die Seele, solange sie in dieser Hingebung verharrt, durch Selbstbeobachtung nichts von ihrem Eigenwesen erkennen kann.

Ein Gebiet, auf das sie dies Gefühl lenkte, ist der Traum. Sie wurden gewahr, daß die Bilderwelt, die der Traum heranzaubert, mit jener unbestimmten Eigen-Empfindung etwas zu tun habe. Diese stellte sich ihnen gewissermaßen als die leere Tafel dar, auf der der Traum seine Bilder malt. Und dann erkannten sie, daß die Tafel selbst der Maler ist, der an und in sich malt.

So wurde ihnen das Träumen die flüchtige Tätigkeit im Menschen-Innern, welche die unbestimmte Eigen-Empfindung des Seelenwesens mit Inhalt erfüllt. Ein fragwürdiger Inhalt; aber der einzige, den man zunächst vom Seelenwesen haben kann. Ein Anschauen, herausgehoben aus der Helligkeit des gewöhnlichen Bewußtseins, gestoßen in das Dämmerdunkel des Halb-Bewußtseins; aber in der einzigen Gestalt, in der es für das alltägliche Leben zu erreichen ist.

Aber trotz dieses Dämmerdunkels ergibt sich, zwar nicht für die denkende Selbstbeobachtung, wohl aber für das innerliche Sich-Ertasten ein sehr Bedeutungsvolles. Eine Verwandtschaft des Träumens mit der schaffenden Phantasie läßt sich seelisch ertasten. Man fühlt, daß, was im Traume luftig webt, im Phantasie-Schaffen ergriffen wird vom Körper-Innern. Und dieses Körper-Innere zwingt die Traumbildnerkraft, abzulassen von ihrer

Willkür und sich umzugestalten zu einer Tätigkeit, die in zwar freier Weise aber doch nachbildet, was in der Sinneswelt vorhanden ist.

Hat man sich bis zu einem solchen Ertasten der Innenwelt durchgerungen, so kommt man bald um einen Schritt weiter. Man wird gewahr, wie die traumbildende Kraft eine noch innigere Verbindung mit dem Körper eingehen kann. Man schaut diese ahnend in der Tätigkeit der Erinnerung, des Gedächtnisses. In diesem zwingt der Körper die traumbildende Kraft in eine noch stärkere Treue gegenüber der Außenwelt hinein als in der Phantasie.

Ist dies durchschaut, dann bleibt nur noch ein Schritt dazu, anzuerkennen, daß auch im gewöhnlichen Denken und sinnlichen Wahrnehmen die traumbildende Kraft als Seelenwesen zum Grunde liegt. Sie ist da *ganz* an den Körper hingegeben, während sie in Phantasie und Gedächtnis noch etwas von ihrem Eigenweben zurückbehält.

Das gibt dann ein Recht, im Träumen das Seelenwesen zu vermuten, das sich von dem Hingegebensein an den Körper befreit und in seiner Eigenheit lebt.

So wurde der Traum das Feld vieler Seelensucher.

Aber er verweist den Menschen in ein recht unsicheres Gebiet. In der Hingabe an den Körper wird das Seelenwesen in die Gesetze eingespannt, von denen die Natur durchsetzt ist. Der Körper ist ein Teil dieser Natur. Indem sich das Seelenwesen an den Körper hingibt, verwebt es sich zugleich in die Gesetzmäßigkeit der Natur. – Die Mittel, durch die es sich so dem Naturdasein anpaßt, empfindet es als *Logik*. In dem logischen Denken über die Natur fühlt die Seele sich sicher. In der traumbildenden Kraft entreißt sie sich diesem logischen Denken über die Natur. Sie geht in ihr Eigenwesen zurück. Damit aber verläßt sie gleichsam die wohlgepflegten und gerichteten Landwege des inneren Lebens und begibt sich hinaus in das verfließende, weglose Meer des geistigen Daseins.

Die Schwelle zur geistigen Welt scheint überschritten; aber nach dem Überschreiten bietet sich nur das bodenlose, richtungslose geistige Element dar. Seelensucher, die so die Schwelle überschreiten wollen, finden das reizvolle, aber auch zweifel-erregende Gebiet des Seelenlebens.

Es ist voller Rätsel. Bald webt es aus den äußeren Erlebnissen luftige Zusammenhänge, die der Naturgesetzmäßigkeit spotten; bald gestaltet es Sinnbilder der inneren körperlichen Vorgänge und Organe. Das zu stark pochende Herz erscheint als kochender Ofen im Traume; die schmerzende Zahnreihe als ein Zaun mit schadhaften Pflöcken. – Und sich selbst lernt da der Mensch auf eine eigentümliche Art kennen. Sein triebhaftes Leben gestaltet sich zu den Bildern bedenklicher Traumhandlungen, die er im wachen Dasein weit von sich weisen würde. Besonderes Interesse erregen bei den Seelensuchern diejenigen Träume, die prophetischen Charakter haben, oder in denen die Seele Fähigkeiten sich erträumt, die ihr im wachen Zustande ganz abgehen.

Die Seele erscheint da losgelöst von ihrem Eingespanntsein in die Körper- und Naturtätigkeit. Sie will selbständig sein. Sie schickt sich an zu dieser Selbständigkeit. Aber sofort, wenn sie sich entfalten will, zieht ihr die Körper- und Naturtätigkeit nach. Sie will nichts wissen von Naturgesetzlichkeit; aber die Tatsachen der Natur erscheinen im Traume als Naturwidrigkeiten. Sie will wissen von den inneren Körperorganen oder Körpertätigkeiten. Aber sie bringt es nicht zu klaren Bildern dieser Organe oder Tätigkeiten, sondern nur zu Sinnbildern, die den Charakter der Willkür an sich tragen. Das äußere Natur-Erleben wird aus der Bestimmtheit gerissen, in der es sich durch Sinnes-Wahrnehmung und Denken befindet; das Erleben des Menschen-Innern beginnt; es beginnt aber in einer dunklen Gestalt. Naturanschauung wird verlassen; Selbstanschauung wird nicht wahrhaft erreicht. Die Erforschung des Traums versetzt den Menschen nicht in die Lage, das Seelenwesen in seiner echten Gestalt zu schauen. Er hat es durch ihn zwar geistig faßbarer vor sich als in der denkenden Selbstbeobachtung; aber doch so wie etwas, das man eigentlich sehen sollte, das man aber nur wie durch eine Hülle greifen kann.

Über das Sehen der Seele durch die Geist-Erkenntnis soll der zweite Teil des Artikels sprechen.

II

DAS SEELENWESEN IN DER HELLIGKEIT DER GEIST-ANSCHAUUNG

Nimmt man zu den Traumerscheinungen seine Zuflucht, um das Seelenwesen kennen zu lernen, so ist man zuletzt zu dem Geständnis gezwungen, daß man das Gesuchte mit einer Maske vor sich hat. Hinter den Verbildlichungen körperlicher Zustände und Vorgänge, hinter den naturwidrig zusammengestellten Erinnerungserlebnissen darf man die Tätigkeit der Seele vermuten. Nicht behaupten aber kann man, daß man der wirklichen Gestalt des Seelischen gegenübergestellt ist.

Nach dem Erwachen wird man gewahr, wie das Tätige des Traumes in die Wirksamkeit des Körpers eingesponnen und durch diesen an die sinnliche Außenwelt hingegeben ist. Durch den rückwärts gewendeten Blick der Selbstbeobachtung sieht man nur die Bilder der Außenwelt im seelischen Leben, nicht dieses selbst. Die Seele entschlüpft dem gewöhnlichen Bewußtsein in dem Augenblicke, da man sie erkennend erfassen will.

Mit der Betrachtung des Traumes an die Wirklichkeit des Seelischen heranzukommen, kann man nicht hoffen. Man müßte durch eine starke innere Tätigkeit die Verbildlichungen der Körperzustände und Körpervorgänge, und die Erinnerungserlebnisse austilgen, um die seelische Tätigkeit in ihrer ureigenen Gestalt zurückzubehalten. Und man müßte dann das Zurückbehaltene betrachten können. Das ist unmöglich. Denn der Träumende ist in einem passiven Zustande. Er kann keine Eigentätigkeit entfalten. Mit dem Verschwinden der

Seelenmaske verschwindet zugleich die Empfindung des eigenen Selbstes.

Anders steht es für das wache Seelenleben. In diesem kann die Eigentätigkeit nicht nur aufrechterhalten bleiben, wenn man austilgt, was man von der Außenwelt wahrnimmt; sie kann auch in sich selbst verstärkt werden.

Es geschieht dieses, wenn man wachend im Vorstellen sich so unabhängig von der sinnlichen Außenwelt macht, wie man im Traume ist. Man wird dann zum vollbesonnenen, wachen Nachahmer des Traumes. Damit aber fällt sogleich alles Illusorische des Traumes weg. Der Träumende hält seine Traumbilder für Wirklichkeiten. Der Wache durchschaut ihre Unwirklichkeit. Der gesunde Wachende als Nachahmer des Traumes kann seine Bilder nicht für Wirklichkeiten halten. Er bleibt sich bewußt, daß er in selbstgeschaffenen Illusionen lebt.

Aber er wird diese Illusionen nicht zustande bringen, wenn er nur bei dem gewöhnlichen Grade des Bewußtseins stehen bleibt. Er muß für eine Erkraftung dieses Bewußtseins sorgen. Man kann dies erreichen durch ein stets vom Neuen von innen sich anfachendes Denken. Die innere seelische Aktivität wächst mit diesem fortgesetzten Anfachen. (Ich habe die entsprechende innere Betätigung in meinem Buche «Wie erlangt man Erkenntnisse der höheren Welten?» und in meiner «Geheimwissenschaft» in den Einzelheiten beschrieben.)

Man kann auf diese Art das, was durch die Seele im Dämmerdunkel des Traumes geschieht, in das helle Licht des Bewußtseins rücken. Man vollzieht damit das Entgegengesetzte von dem, was durch Fremd- oder Autosuggestion geschieht. Bei diesem wird *aus* dem Halbdunkel und *in* diesem Halbdunkel etwas in das Seelenleben gerückt, das man dann für Wirklichkeit ansieht. Bei der gekennzeichneten vollbesonnenen Seelentätigkeit wird mit hellem Bewußtsein etwas vor die innere Anschauung gestellt, das man im vollsten Sinne des Wortes *nur* als Illusion ansieht.

Man kommt so dazu, den Traum zu zwingen, sich in die Bewußtseinshelle zu stellen. Er stellt sich sonst nur vor das abgeschwächte, halbwache Bewußtsein hin. Er scheut die Bewußtseinshelle. Er verschwindet vor ihr. Das verstärkte Bewußtsein hält ihn fest.

In diesem Festhalten gewinnt er nicht an Kraft. Im Gegenteil: er verliert an Kraft. Dafür aber wird das Bewußtsein veranlaßt, sich selbst Kraft zuzuführen. Es ist da im Seelischen, wie es im Körperlichen ist, wenn man einen festen Körper in Dampf verwandelt. Der feste Körper gibt sich seine Grenzen nach allen Seiten. Man kann diese Grenzen betasten. Sie bestehen für sich. Verwandelt man den festen Körper in Dampf, dann muß man ihn, damit er sich nicht nach allen Seiten verflüchtigt, durch feste Wände einschließen. So muß die Seele, will sie den Traum wachend festhalten, sich gewissermaßen zum kräftigen Behälter gestalten. Sie muß sich in sich erkraften.

Diese Erkraftung braucht sich die Seele nicht zu leisten, wenn sie in sich Bilder der äußeren Sinneswelt wahrnimmt. Da sorgt das Verhältnis des Körpers zur Außenwelt dafür, daß die Seele erregt ist, diese Bilder zu halten. Träumt die Seele wachend im sinnlich Unwirklichen, dann muß sie durch ihre eigene Kraft dieses sinnlich Unwirkliche halten.

An dem vollbewußten Vorstellen des sinnlich Unwirklichen bildet man die Kraft heran, das geistig Wirkliche zu schauen.

Im Traum ist die Eigentätigkeit des Seelenwesens schwach. Der flüchtige Trauminhalt überwältigt diese Eigentätigkeit. Diese Übermacht des Traumes bewirkt, daß die Seele ihn für Wirklichkeit hält. Im gewöhnlichen sinnlichen Bewußtsein fühlt sich die Eigentätigkeit als Wirklichkeit neben der Wirklichkeit der Sinnenwelt. Aber die Eigentätigkeit kann sich nicht anschauen; alle Anschauung wird von den Bildern der Sinneswirklichkeit in Anspruch genommen. Lernt die Eigentätigkeit sich aufrechterhalten, indem sie sich bewußt mit sinnlich unwirklichem Inhalt erfüllt, so belebt sie nach und nach auch die Eigenanschauung in sich selbst. Sie lenkt nun nicht mehr bloß den Blick von der Außenanschauung in sich zurück; sie *schreitet* als Seelentätigkeit zurück und findet sich in ihrer geistigen Wesenheit; diese wird nun Inhalt ihrer Anschauung.

Während die Seele sich so in sich selber findet, wird ihr auch das Wesen des Träumens noch weiter beleuchtet. Sie wird deutlich gewahr, was sie vorher nur ahnen konnte, daß das Träumen im Wachen nicht aufhört. Es setzt sich fort. Aber der schwach wirkende Traum wird von dem sinnlichen Wahrnehmungsinhalt übertönt. Hinter der Bewußtseinshelle, die mit den Bildern der Sinneswirklichkeit erfüllt ist, dämmert eine Traumeswelt. Und diese ist, während die Seele wacht, nicht illusorisch wie die Traumwelt des Halbwachen. Im Wachen träumt der Mensch – unter der Bewußtseinsschwelle – von den inneren Vorgängen seines Körpers. Während durch das Auge die Außenwelt gesehen und durch die Seele vorgestellt wird, lebt im Hintergrunde der schwache Traum des Innengeschehens. Durch die Erstarkung der Eigentätigkeit der Seele wird allmählich die Anschauung der Außenwelt zur Traumschwäche *herabgedämpft;* und die Anschauung der Innenwelt in ihrer Wirklichkeit *erhellt.*

Im Anschauen der Außenwelt ist die Seele empfangend; sie erlebt die Außenwelt als das Schaffende und ihren eigenen Inhalt als das Nach-geschaffene. Für die Innenanschauung erkennt *sich* die Seele als das Schaffende. Und der eigene Körper enthüllt sich als das Nachgeschaffene. Der Gedanke der Außenwelt muß als *Bild* der Wesen und Vorgänge der Außenwelt empfunden werden. Der Menschenkörper kann vor der wirklichen Anschauung der Seele, die auf die geschilderte Art gewonnen wird, nur als Bild des geistigen Seelenwesens empfunden werden.

Im Traume löst sich die seelische Tätigkeit aus dem festen Verbande mit dem Körper, in dem sie im gewöhnlichen Wachsein ist; aber sie hält noch das lose Verhältnis fest, das sie erfüllt mit den Sinnbildern des Körperlichen und mit den Erinnerungserlebnissen, die auch durch den Körper gewonnen sind. Im geistigen Anschauen seiner selbst erkraftet sich das Seelenwesen so, daß ihm seine eigene höhere Wirklichkeit empfindbar und der Körper in seinem Charakter als Nach-Bild dieser Wirklichkeit erkennbar wird. (Die Fortsetzung dieser Betrachtung soll im nächsten Aufsatz gegeben werden.)

III

DAS SEELENWESEN AUF DEM WEGE ZUR SELBSTBEOBACHTUNG

Im Traume erfaßt sich das Seelenwesen in einer flüchtigen Gestalt, die eine Maske ist. Im traumlosen Schlafe verliert es sich scheinbar ganz. In der geistigen Selbstanschauung, die durch die besonnene Nachbildung des Träumens gewonnen wird, gelangt die Seele zu sich als schaffendes Wesen, deren Nachbild der Körper ist.

Aber der Traum steigt aus dem Schlafe auf. Wer es unternimmt, den Traum heraufzuholen in das helle Licht des Bewußtseins, der muß auch den Antrieb empfinden, noch weiter zu gehen. Er tut dies, wenn er versucht, den traumlosen Schlaf bewußt zu erleben.

Das scheint unmöglich zu sein. Denn im Schlafe hört eben die Bewußtheit auf. Und das Verlangen, bewußt die Bewußtlosigkeit zu erleben, erscheint wie eine Torheit.

Die Torheit tritt aber sogleich in eine andere Beleuchtung, wenn man sich den Erinnerungen gegenüberstellt, die man von einem gewissen Zeitpunkte an *rückwärts* bis zum letzten Aufwachen verfolgen kann. Man muß dabei nur so verfahren, daß man die Erinnerungsbilder ganz lebendig anknüpft an das, woran sie erinnern. Versucht man dann – nach rückwärts – fortzuschreiten bis zum nächsten vorläufig bewußten Erinnerungsbild, so liegt dies vor dem letzten Einschlafen. Hat man nun wirklich die Anknüpfung an das Erinnerte lebendig vollzogen, so entsteht eine innere Schwierigkeit. Man kann das Erinnerungsbild nach dem Aufwachen nicht an dasjenige vor dem Einschlafen heranbringen.

Das gewöhnliche Bewußtsein hilft sich über die Schwierigkeit dadurch hinweg, daß es die Anknüpfung an das Erinnerte nicht lebhaft vollzieht, und einfach das Aufwachebild an das Einschlafebild setzt. – Wer aber das Bewußtsein durch das besonnene Nachahmen des Träumens in seiner Empfindungsfähigkeit gehoben hat, dem fallen die beiden Bilder auseinander. Für ihn liegt ein Abgrund zwischen beiden. Aber, indem er diesen Abgrund bemerkt, füllt dieser sich auch schon für ihn aus. Der traumlose Schlaf hört auf, im Selbstbewußtsein ein leerer Zeitverlauf zu sein. Aus ihm taucht wie eine Erinnerung eine geistige Erfüllung der «leeren Zeit» auf. Allerdings wie eine Erinnerung an etwas, das das gewöhnliche Bewußtsein vorher gar nicht in sich gehabt hat. Aber es trägt trotzdem diese Erinnerung geradeso den Hinweis auf ein Erleben der eigenen Seele in sich wie nur irgendeine gewöhnliche Erinnerung. Dadurch aber sieht die Seele wirklich in das hinein, was ihr für das gewöhnliche Erleben – im traumlosen Schlafe – als bewußtlos verläuft.

Das ist der Weg, auf den das Seelenwesen noch tiefer in sich hineinschaut als in dem Zustand, der als Folge der bewußt-besonnenen Traum-Nachahmung eintritt. Durch diesen Zustand schaut die Seele auf ihr eigenes, den Körper gestaltendes Wesen. Durch das bewußte Durchdringen des traumlosen Schlafes schaut sie sich völlig losgelöst vom Körper in ihrem Eigenwesen.

Aber sie schaut nunmehr nicht nur auf das Gestalten des Körpers, sondern über dasselbe hinaus auf die Gestaltung des eigenen Wollens.

Das innere Wesen des Wollens bleibt für das gewöhnliche Bewußtsein so unbekannt wie die Erlebnisse des traumlosen Schlafens. Man erlebt einen Gedanken, der die Absicht des Wollens in sich schließt. Dieser Gedanke taucht unter in die undeutliche Welt der Gefühle und entschwindet in das Dunkel der körperlichen Vorgänge. Er taucht von außen wieder auf als der körperliche Vorgang der Armbewegung, die neuerdings durch einen Gedanken erfaßt wird. Es liegt zwischen den beiden Gedankeninhalten etwas wie der Schlaf zwischen den Gedanken vor dem Einschlafen und denen nach dem Aufwachen.

Aber wie das innere Schaffen der Seele am Körper dem ersten Schauen der Seele faßbar wird, so das Wollen über den Körper hinaus dem zweiten. Die Seele kann den Weg finden, ihr inneres Schaffen am Körper in seinem organischen Aufbau zu schauen; und sie kann auch auf den andern Pfad gelangen, wo ihr erfaßbar wird, wie sie am Körper schafft, um aus diesem das Wollen herauszuholen.

Und wie zwischen Schlafen und Wachen das Träumen liegt, so zwischen Wollen und Denken das Fühlen. Auf demselben Wege, der zur Durchleuchtung des Willensvorganges führt, liegt auch die Erhellung der Gefühlswelt.

Im ersten Schauen enthüllt sich die Seele ihr inneres Schaffen am Organismus. Im zweiten Schauen dringt sie zum Wollen. Aber der Offenbarung des Wollens nach außen muß ein inneres Schaffen vorangehen. Bevor der Arm gehoben wird, muß in ihn der Schaffensstrom sich so ergießen, daß seinen Stoffwechselvorgängen, die in der Ruhe des Lebens erfolgen, solche eingeschoben werden, die als Gefühlsverlauf offenbar werden. Das Fühlen ist ein Wollen, das innerhalb des Menschen beschlossen bleibt; ein Wollen, das in der Entstehung festgehalten wird.

Die für das Fühlen und Wollen in den Körper eingeschobenen Vorgänge enthüllen sich für das zweite Schauen als Vorgänge, die denen entgegengesetzt sind, welche das Leben unterhalten. Es sind abbauende Vorgänge. In den aufbauenden Vorgängen gedeiht das Leben; aber es erstirbt in ihnen das Seelenwesen. Das Leben des Körpers, das selbst von der Seele aufgebaut wird, muß abgebaut werden, damit das Wesen und Wirken der Seele aus dem Körper sich entfalten kann.

Für die geistige Anschauung ist das Schaffen der Seele am Körper wie eine Erinnerung an etwas, das sie erst vollbracht hat, bevor sie sich selber im Wirken darlebt.

Damit aber erlebt sich die Seele als rein geistiges Wesen, das seinem Wirken die Gestaltung des Körpers hat vorangehen lassen, um an demselben die Grundlage für die ureigene, rein geistige Entfaltung zu haben. Die Seele gibt erst ihr Schaffen an den Körper hin, um, nachdem sie diesem Genüge getan hat, sich in freier Geistigkeit zu offenbaren.

Und diese Entfaltung des Seelenwesens beginnt schon mit dem Denken selbst, das sich aus der Sinneswahrnehmung heraus ergibt. Nimmt man einen Gegenstand wahr, so tritt schon die Seele in Tätigkeit. Sie gestaltet den entsprechenden Körperteil so, daß er geeignet wird, in dem Gedanken ein Spiegelbild des Gegenstandes zu entfalten. In dem Erleben dieses Spiegelbildes schaut dann die Seele das Ergebnis ihrer eigenen Tätigkeit an.

Man wird das Geistwesen der Seele niemals finden, wenn man über die Gedanken philosophiert, die vor dem gewöhnlichen Bewußtsein auftreten. Denn die Geisttätigkeit der Seele liegt nicht *in* diesen, sondern *hinter* ihnen. Es ist richtig, daß die Gedanken, welche die Seele erlebt, Ergebnisse der Gehirntätigkeit sind. Aber die Gehirntätigkeit ist erst das Ergebnis der Geisttätigkeit der Seele. In der Verkennung dieser Tatsache liegt das Ungesunde der materialistischen Weltanschauung. Wenn diese aus allen möglichen wissenschaftlichen Voraussetzungen beweist, daß die Gedanken Ergebnisse der Gehirntätigkeit sind, so hat sie recht. Und eine Anschauung, welche in diesem Punkte eine Widerlegung liefern will, wird stets abprallen an dem, was der Materialismus zu sagen hat. Aber die Gehirntätigkeit ist Ergebnis von Geisttätigkeit. Um das zu durchschauen, genügt nicht die Wendung der Anschauung nach rückwärts in den Menschen hinein. Da stößt man auf die Gedanken. Und diese haben nur eine Bildwirklichkeit. *Diese* ist das Ergebnis des Körperlichen. Man muß im Rückwärtsschauen erstarkte und erkraftete Seelenfähigkeiten ins Leben treten lassen. Man muß die träumende Seele dem Dämmerdunkel des Traumes entreißen; da verflüchtigt sie sich nicht in Phantasmen, sondern legt ihre Maske ab, um als geistig im Körper schaffendes Wesen zu erscheinen. Man muß die schlafende Seele der Finsternis des Schlafes entreißen; da verschwindet sie nicht vor sich selbst, sondern stellt sich vor sich hin als rein geistiges Wesen, das im Wollen durch den Körper über diesen hinausschafft. (Der Schluß dieser Betrachtung soll im nächsten Aufsatz gegeben werden.)

IV.

DAS SEELENWESEN IN SEELENMUT UND SEELENANGST

Die Denkgewohnheiten, die in der neueren Naturerkenntnis zur Anerkennung gekommen sind, können in der Seelenerkenntnis keine befriedigenden Ergebnisse liefern. Was man mit diesen Denkgewohnheiten erfassen will, muß entweder in Ruhe vor der Seele sich ausbreiten, oder, wenn es in Bewegung ist, muß die Seele sich selbst aus dieser Bewegung herausgehoben fühlen. Denn die Bewegung des Erkannten mitmachen, heißt, sich an dieses verlieren, in dasselbe gewissermaßen hinüberschlüpfen.

Wie aber soll die Seele *sich* in einer Erkenntnis erfassen, in der sie sich *verlieren* muß? Sie kann Selbst-Erkenntnis nur erwarten in einer Betätigung, in der sie sich selbst Schritt für Schritt *gewinnt.*

Das kann nur eine Betätigung sein, die schaffend ist. Aber da tritt für den Erkennenden sofort eine Unsicherheit ein. Er glaubt der persönlichen Willkür zu verfallen.

Diese Willkür ist es gerade, die er in der Naturerkenntnis dahingibt. Er schaltet sich aus und läßt die Natur in sich walten. Er sucht Sicherheit da, wo er mit dem seelisch-eigenen Wesen nicht hingelangt. In der Selbsterkenntnis kann er sich nicht so verhalten. Er muß *sich* überall dahin mitnehmen, wo er erkennen will. Er kann deshalb auf seinen Wegen keine Natur finden. Denn wo *sie* ihm begegnen würde, da wäre er schon nicht mehr.

Das aber gibt gerade die Empfindung, die man dem Geiste gegenüber braucht. Man kann nichts anderes erwarten, als daß man ihn da findet, wo die Natur in der Selbstbetätigung gewissermaßen dahinschmilzt. Wo man sich in dem Grade stärker fühlt, als man dieses Dahinschmelzen fühlt.

Erfüllt man daher die Seele mit etwas, das sich nachher so erweist wie der Traum in seinem Illusionscharakter, und erlebt man das Illusionäre in seinem vollen Wesen, dann erstarkt man im Eigenempfinden. Dem Traum gegenüber korrigiert man denkend den Glauben, den man an seine Wirklichkeit während des Träumens hat. In der Phantasietätigkeit hat man diese Korrektur nicht nötig, weil man diesen Glauben nicht hat. In der meditativen Seelenbetätigung, der man sich für die Geist-Erkenntnis ergibt, kann man sich mit der bloßen Denk-Korrektur nicht zufrieden geben. Man muß *erlebend* korrigieren. Man muß das illusionäre Denken in einer Tätigkeit schaffen, und es dann in einer ebenso starken anderen Tätigkeit auslöschen.

In dieser auslöschenden Tätigkeit erwacht dann die andere, die geisterkennende Tätigkeit. Denn ist das Auslöschen ein wirkliches, dann muß die Kraft dazu von einer ganz anderen Seite kommen als von der Natur. Was *diese* geben kann, hat man in der erlebten Illusion verflüchtigt; was während der Verflüchtigung innerlich aufsteigt, ist nicht mehr Natur.

Bei dieser Betätigung muß sich etwas einstellen, das bei der Naturerkenntnis gar nicht in Frage kommt: innerlicher Mut. Durch diesen muß man halten, was innerlich aufsteigt. In der Naturerkenntnis will man nichts innerlich halten. Man läßt sich von dem Äußeren halten. Man braucht den innerlichen Mut nicht. Man verlernt ihn daher an ihr. Dieses Verlernen bewirkt dann die Ängstlichkeit, wenn das Geistige in die Erkenntnis eintreten soll. Man hat Angst davor, daß man ins Leere greifen könnte, wenn man nicht mehr die Natur betasten soll.

Diese Angst steht an der Schwelle zur Geist-Erkenntnis. Und diese Angst bewirkt, daß man zurückzuckt vor dieser Erkenntnis. Und man wird nun, statt im Vorwärtsdringen, im Zurückzucken schöpferisch. Man läßt nicht den Geist in sich schaffende Erkenntnis gestalten; man erfindet sich eine Scheinlogik, die die Berechtigung der Geist-Erkenntnis bestreitet. Alle möglichen Scheingründe stellen sich ein, die es einem ersparen, das Geistige anzuerkennen, weil man in Angst vor ihm zurückbebt.

Statt der Geist-Erkenntnis steigt aus dem Schöpferischen, das nun einmal in der Seele erscheint, wenn diese von der Natur sich zurückzieht, die Feindin der Geist-Erkenntnis auf: zuerst der Zweifel an aller Erkenntnis, die über die Natur hinausliegt; und dann, wenn die Angst wächst, die Wider-Logik, welche alle Geist-Erkenntnis in das Gebiet des Phantastischen verweisen möchte.

Wer im Geist sich erkennend bewegen gelernt hat, der schaut in den Widerlegungen dieser Erkenntnis oftmals deren stärkste Beweise. Denn ihm wird klar, wie der Widerlegende Schritt vor Schritt seine Angst vor dem Geiste in der Seele hinunterwürgt, und wie er im Würgen seine Scheinlogik erzeugt. Mit einem solchen Widerlegenden ist zunächst kaum zu reden. Denn die Angst, die ihn befällt, taucht im Unterbewußten auf. Das Bewußtsein will sich vor dieser Angst retten. Es fühlt zunächst, daß diese Angst, wenn sie käme, Schwachheit des Erlebens über das ganze innere Sein ausgießen würde. Vor dieser Schwachheit kann die Seele allerdings nicht weglaufen; denn man fühlt sie aus dem Innern aufsteigen. Im Weglaufen würde man überall mitlaufen. Wer in der Natur-Erkenntnis weiterschreitet und in der Hingabe an sie das eigene Selbst bewahren muß, der fühlt immer, wenn er den Geist nicht anzuerkennen vermag, diese Angst. Sie wird mitlaufen, wenn er mit der Geist-Erkenntnis nicht auch die Natur-Erkenntnis einstellen will. Er muß sie im Weiterschreiten in der Natur-Erkenntnis irgendwie loswerden. In der Realität kann er das nicht. Denn sie erzeugt sich im Unterbewußten während des Natur-Erkennens. Sie will stets herauf aus dem Unterbewußtsein in das Bewußtsein. Deshalb *widerlegt* er in der Gedankenwelt, was er aus der Wirklichkeit des Seelen-Erlebens nicht fortschaffen kann.

Und diese Widerlegung: sie ist eine illusionäre Gedankenschicht über der unterbewußten Angst. Der Widerleger hat nicht den Mut gefunden, da, wo er die Illusion im meditativen Leben austilgen sollte, um zur geistigen Wirklichkeit zu kommen, dem Illusionären zu Leibe zu rücken. Deshalb schiebt er in diese nun auftauchende Region seines Seelenlebens die Scheingründe der Widerlegung hinein. Sie beruhigen sein Bewußtsein; er fühlt seine im Unterbewußtsein doch bleibende Angst nicht mehr.

Die Ableugnung der geistigen Welt ist ein Weglaufenwollen vor dem eigenen Seelenwesen. Das aber stellt eine Unmöglichkeit dar. Man *muß* bei sich selber bleiben. Und weil man wohl weglaufen, aber nicht *sich* entlaufen kann, sorgt man dafür, daß man im Weiterlaufen sich nicht mehr sieht. Es wird aber mit dem ganzen Menschenwesen seelisch, wie es mit dem Auge wird, wenn es der Star ergreift. Das Auge kann dann nicht mehr sehen. Es ist in sich verfinstert.

So verfinstert der Widerleger der Geist-Erkenntnis seine Seele. Er bewirkt ihre Trübung durch die aus der Angst geborenen Scheingründe. Er meidet die gesunde Seelen-Erhellung; er schafft sich eine ungesunde Seelenverfinsterung. Die Ablehnung der Geist-Erkenntnis hat ihren Ursprung in der Starerkrankung der Seele.

So wird man zuletzt auf die innere geistige Stärke der Seele geführt, wenn man die Berechtigung der Geist-Erkenntnis durchschauen will. Und der Weg zu einer solchen Erkenntnis kann nur durch die Erkraftung des Seelenwesens führen. Die für die Geistes-Erkenntnis vorbereitende meditative Tätigkeit der Seele ist ein stufenweises Besiegen der «Angst vor dem Leeren» des Seelenwesens. Aber diese Leere ist nur eine «Leere der Natur», in der sich die «Fülle des Geistes» offenbaren kann, wenn man sie ergreifen will. Und in dieser «Fülle des Geistes» taucht die Seele nicht mit der Willkür ein, die ihr eignet, wenn sie sich durch den Körper im Naturdasein betätigt; sie taucht in sie ein, indem ihr der Geist den schaffenden Willen zeigt, vor dem die nur innerhalb des Natürlichen bestehende Willkür so dahinschmilzt wie die Natur selbst.

Bibliographischer Nachweis

Anmerkungen des Herausgebers

Literaturhinweis

Übersicht über die
Rudolf Steiner Gesamtausgabe

BIBLIOGRAPHISCHER NACHWEIS

Die Aufsätze «Die Stufen der höheren Erkenntnis» sind zuerst erschienen in der Zeitschrift «Luzifer–Gnosis» in den Nummern 29, 30, 32, 34, 35 (Oktober 1905 bis Mai 1908). Innerhalb der Gesamtausgabe sind sie als eigenständiger Band unter dem gleichnamigen Titel erschienen. (Bibliographie-Nr. 12, ISBN 3-7274-0120-6) 7. Aufl., Dornach 1993.

Die Auto-Referate «Drei Schritte der Anthroposophie: Philosophie, Kosmologie, Religion» sind zuerst erschienen in der Wochenschrift «Das Goetheanum» 1922, 2. Jg., Nrn. 6–16. Innerhalb der Gesamtausgabe sind sie als eigenständiger Band unter dem gleichnamigen Titel erschienen. (Bibliographie-Nr. 25, ISBN 3-7274-0252-0) 4. Aufl., Dornach 1999.

Die Aufsätze «Vom Seelenleben» erschienen zuerst in der Wochenschrift «Das Goetheanum», 3. Jg., Nrn. 11–14. Innerhalb der Gesamtausgabe sind sie enthalten in dem Band «Der Goetheanumgedanke inmitten der Kulturkrisis der Gegenwart. Gesammelte Aufsätze aus der Wochenschrift ‹Das Goetheanum› 1921–1925›»
(Bibliographie-Nr. 36, ISBN 3-7274-0360-8) 1. Aufl., Dornach 1961.

ANMERKUNGEN DES HERAUSGEBERS

Die Stufen der höheren Erkenntnis

Textgrundlage: Für die 6. Auflage dieser Schrift innerhalb der Gesamtausgabe wurden alle vorhandenen Unterlagen überprüft. Die handschriftliche Fassung für die Aufsätze in der Zeitschrift «Luzifer-Gnosis» von 1905 bis 1908 ist nicht vollständig erhalten. Dem Druck liegt der Wortlaut aus dem Sonderdruck-Sammelheft von «Luzifer-Gnosis», 1908, zugrunde, wo schon der frühere Untertitel «Der Schüler und sein ‹Guru›» von Rudolf Steiner weggelassen wurde. Obwohl aus den Jahren 1910 und 1914 vollständige Druckfahnen für eine Buchausgabe dieser Aufsätze vorliegen, und Rudolf Steiner bereits zu korrigieren begonnen hatte (1914), ist es zu dieser Veröffentlichung zu seinen Lebzeiten nicht mehr gekommen. Erst 1931 besorgte Marie Steiner die Buchausgabe dieser unvollendet gebliebenen Aufsatzreihe. Der Taschenbuchausgabe liegt der Text der 6. Auflage der Gesamtausgabe zugrunde.

Textkorrekturen gegenüber früheren Ausgaben werden nachfolgend aufgeführt.

Werke Rudolf Steiners innerhalb der Gesamtausgabe (GA) werden in den Hinweisen mit der Bibliographie-Nummer angegeben. Siehe auch die Übersicht am Schluß des Bandes.

Textkorrekturen

In dem Kapitel «Die Imagination» verwendete Rudolf Steiner außer den Ausdrücken «Geheimlehrer», «Lehrer» und «Führer» meistens die in der

Theosophischen Gesellschaft übliche Bezeichnung «Guru»; da er später immer mehr anstelle der indisch-theosophischen Ausdrücke sinngemäß deutsche setzte, hat Marie Steiner bei der Buchausgabe 1931 «Guru» durch «Lehrer» und «Führer» ersetzt. – Die Hinweise im Text auf «Wie erlangt man Erkenntnisse der höheren Welten?» und «Aus der Akasha-Chronik» (z. B. S. 11, 15, 24, 60, 62) wurden den Buchausgaben entsprechend geändert (vorher: «in den vorhergehenden Aufsätzen dieser Zeitschrift über ...» und ähnlich).

Seite	Zeile	
14	14 vu	*Vorgängen* – Sinnkorrektur der 6. Aufl.; vorher immer: *Vorstellungen.*
17	3 vo	*gespenstige* – Korrektur Rudolf Steiners 1914; vorher: *nüchterne.*
20	7 vo	*nicht dicht sind* – ursprünglich: *nicht sind;* erschien in den Druckfahnen 1914 fälschlich als: *dicht sind,* weswegen R. Steiner das *nicht* einfügte.
32	13 vo	*in bezug* – Ergänzung durch Marie Steiner, 1931.
37	1 vo	*Stufe der* – Ergänzung durch Marie Steiner, 1931.

Hinweise

Zu Seite

11 *Wie erlangt man Erkenntnisse der höheren Welten?»:* Erstmals erschienen als Aufsätze in der Zeitschrift «Lucifer-Gnosis», Nr. 13–28, Berlin 1904–1905, GA 10.

24 «Aus der Akasha-Chronik» (1904), GA 11.

24 *«Theosophie.* Einführung in übersinnliche Welterkenntnis und Menschenbestimmung» (1904), GA 9.

25 *die bewußte Ausbildung gewisser Tugenden:* Siehe das Kapitel «Über einige Wirkungen der Einweihung» in «Wie erlangt man Erkenntnisse der höheren Welten?», GA 10.

28 *Es gibt eine schöne, in der persischen Dichtung vorhandene Legende:* Vergleiche hierzu Goethes «Noten und Abhandlungen zum besseren Verständnis des West-östlichen Divans – Allgemeines».

31 *Es ist auf die Bedeutung der angeführten Eigenschaften schon früher bei Besprechung der «Lotusblumen« hingewiesen worden:* Siehe Hinweis zu S. 25, S. 140ff.

45 *In den verschiedenen Methoden der okkulten Schulung:* Siehe zum Beispiel die Ausführungen Rudolf Steiners in den beiden Vorträgen Stuttgart 3. und 4. 9. 1906 in «Vor dem Tore der Theosophie» (13. und 14. Vortrag) GA 95.

Drei Schritte der Anthroposophie:
Philosophie, Kosmologie, Religion

Die hier vorliegenden zehn Autoreferate nehmen innerhalb der Schriften Rudolf Steiners einen besonderen Platz ein. Sie entstanden als Vorlagen für die französische Übersetzung seines Vortragskurses «Philosophie, Kosmologie und Religion in der Anthroposophie» (vgl. GA 215). Es war dies der sogenannte «Französische Kurs», im französischen Einladungstext angekündigt als «La Philosophie, la Cosmologie et la Religion, comme parties de l'Anthroposophie», den Rudolf Steiner vom 6. bis 15. September 1922 anläßlich der «Semaine Française» am Goetheanum hielt. Die Übersetzung hatte Jules Sauerwein, Paris, übernommen. Die Referate, die in konzentrierter Form den Inhalt der Vorträge wiedergeben, wurden von Tag zu Tag für die Übersetzung niedergeschrieben, die dann abschnittsweise geschah.

Textgrundlagen: Originalmanuskripte liegen nur für die Referate I, II, IV, und VI vor. Doch darf man annehmen, daß Rudolf Steiner die Korrekturfahnen für den Druck in der Wochenschrift «Das Goetheanum» durchgesehen hat. Für die dritte Auflage (GA 1979), deren Wortlaut unverändert in die hier vorliegende Taschenbuchausgabe übernommen wurde, wurde der Text nochmals überprüft. Auf S. 95, Zeile 10 v. u., wurde sinngemäß das fehlende Wort «nicht» in eckigen Klammern eingefügt.

Die Titel der Referate stammen nicht von Rudolf Steiner, sondern wurden von Marie Steiner für die erste Buchausgabe 1930 gegeben.

Vom Seelenleben

Textgrundlagen: Der Taschenbuchausgabe liegt der ungekürzte Wortlaut der zunächst in der Wochenschrift «Das Goetheanum» und später, innerhalb der Gesamtausgabe in dem Band «Der Goetheanumgedanke inmitten der Kulturkrisis der Gegenwart. Gesammelte Aufsätze aus der Wochenschrift ‹Das Goetheanum› 1921–1925» erschienenen Aufsätze zugrunde.

LITERATURHINWEIS

GA = Rudolf Steiner Gesamtausgabe / TB = Rudolf Steiner Taschenbücher

Zur Weiterführung und Vertiefung der Darstellung des vorliegenden Bandes sei auf folgende Ausgaben von Rudolf Steiner verwiesen:

Schriften

Wahrheit und Wissenschaft. Vorspiel einer «Philosophie der *Freiheit»* (1892) GA 3 (TB 628)

Die Philosophie der Freiheit. Grundzüge einer modernen Weltanschauung. Seelische Beobachtungsresultate nach naturwissenschaftlicher Methode (1894) GA 4 (TB 627)

Theosophie. Einführung in übersinnliche Welterkenntnis und Menschenbestimmung (1904) GA 9 (TB 615)

Wie erlangt man Erkenntnisse der höheren Welten? (1904/05). GA 10 (TB 600)

Die Geheimwissenschaft im Umriß (1910) GA 13 (TB 601)

Vier Mysteriendramen (1910–1913) GA 14 (TB 607 und 608)

Die geistige Führung des Menschen und der Menschheit. Geisteswissenschaftliche Ergebnisse über die *Menschheitsentwickelung* (1911) GA 15 (TB 614)

Ein Weg zur Selbsterkenntnis des Menschen. In acht Meditationen (1912) GA 16 (TB 602)

Die Schwelle der geistigen Welt. Aphoristische Ausführungen (1913) GA 17 (TB 602)

Anthroposophische Leitsätze. Der Erkenntnisweg der Anthroposophie – Das Michaelmysterium (1924/25) GA 26

Vorträge

Die Ergänzung heutiger Wissenschaften durch Anthroposophie. 8 öffentliche Vorträge, Zürich 5.–14. 11. 1917 und 8.–17.10. 1918. GA 73 (TB 664)

Von der Initiation. Von Ewigkeit und Augenblick. Von Geisteslicht und Lebensdunkel. 8 Vorträge, München 25.–31. 8. 1912. GA 138

Welche Bedeutung hat die okkulte Entwickelung des Menschen für seine Hüllen – physischen Leib, Ätherleib, Astralleib – und sein Selbst? 10 Vorträge, Den Haag 20.–29. 3. 1913. GA 145

Die Geheimnisse der *Schwelle.* 8 Vorträge, München 24.–31. 8. 1913. GA 147

Okkultes Lesen und okkultes Hören. 10 Vorträge, Dornach 3.–6. 10., 12.–26. 12., Basel 27. 12. 1914. GA 156

Philosophie, Kosmologie und Religion. 10 Vorträge, Dornach 6.–15. 9. 1922. GA 215

Das Initiaten-Bewußtsein. Die wahren und die falschen Wege der *geistigen Forschung.* 11 Vorträge, Torquay 11.–22. 8. 1924. GA 243

Anweisungen für eine *esoterische Schulung.* Aus den Inhalten der «Esoterischen Schule». Sonderausgabe 5515

Grenzen der *Naturerkenntnis.* 8 Vorträge, Dornach 27. 9. bis 3. 10. 1920. GA 322 (TB 666)

RUDOLF STEINER GESAMTAUSGABE

Überblick über das literarische und künstlerische Werk

Erste Abteilung: Die Schriften

I. Werke

Goethes Naturwissenschaftliche Schriften, eingeleitet und kommentiert von Rudolf Steiner, 5 Bände, Nachdruck Dornach 1975 (GA 1a-e); separate Ausgabe der Einleitungen (GA 1),

Grundlinien einer Erkenntnistheorie der Goetheschen Weltanschauung (GA 2)

Wahrheit und Wissenschaft. Vorspiel einer «Philosophie der Freiheit» (GA 3)

Die Philosophie der Freiheit (GA 4)

Friedrich Nietzsche, ein Kämpfer gegen seine Zeit (GA 5)

Goethes Weltanschauung (GA 6)

Die Mystik im Aufgange des neuzeitlichen Geisteslebens und ihr Verhältnis zur modernen Weltanschauung (GA 7)

Das Christentum als mystische Tatsache u. die Mysterien des Altertums (GA 8)

Theosophie. Einführung in übersinnliche Welterkenntnis und Menschenbestimmung (GA 9)

Wie erlangt man Erkenntnisse der höheren Welten? (GA 10)

Aus der Akasha-Chronik (GA 11)

Die Stufen der höheren Erkenntnis (GA 12)

Die Geheimwissenschaft im Umriß (GA 13)

Vier Mysteriendramen: Die Pforte der Einweihung – Die Prüfung der Seele – Der Hüter der Schwelle – Der Seelen Erwachen (GA 14)

Die geistige Führung des Menschen und der Menschheit (GA 15)

Anthroposophischer Seelenkalender (in GA 40)

Ein Weg zur Selbsterkenntnis des Menschen (GA 16)

Die Schwelle der geistigen Welt (GA 17)

Die Rätsel der Philosophie in ihrer Geschichte als Umriß dargestellt (GA 18)

Vom Menschenrätsel (GA 20)

Von Seelenrätseln (GA 21)

Goethes Geistesart in ihrer Offenbarung durch seinen «Faust» und durch das «Märchen von der Schlange und der Lilie» (GA 22)

Die Kernpunkte der Sozialen Frage in den Lebensnotwendigkeiten der Gegenwart und Zukunft (GA 23)

Aufsätze über die Dreigliederung des sozialen Organismus und zur Zeitlage 1915–1921 (GA 24)

Drei Schritte der Anthroposophie: Philosophie, Kosmologie, Religion (GA 25)

Anthroposophische Leitsätze (GA 26)

Grundlegendes für eine Erweiterung der Heilkunst nach geisteswissenschaftlichen Erkenntnissen. Von Dr. Rudolf Steiner und Dr. Ita Wegman (GA 27)

Mein Lebensgang (GA 28)

II. Gesammelte Aufsätze

Gesammelte Aufsätze zur Dramaturgie 1889–1900 (GA 29)

Methodische Grundlagen der Anthroposophie. Gesammelte Aufsätze zur Philosophie, Naturwissenschaft, Ästhetik und Seelenkunde 1884–1901 (GA 30)

Gesammelte Aufsätze zur Kultur- und Zeitgeschichte 1897–1901 (GA 31)

Gesammelte Aufsätze zur Literatur 1886–1902 (GA 32)

Biographien und biographische Skizzen 1894-1905 (GA 33)

Lucifer – Gnosis. Grundlegende Aufsätze zur Anthroposophie und Berichte aus den Zeitschriften «Luzifer» und «Lucifer-Gnosis» 1903–1908 (GA 34)

Philosophie und Anthroposophie. Gesammelte Aufsätze 1904–1918 (GA 35)

Der Goetheanumgedanke inmitten der Kulturkrisis der Gegenwart. Gesammelte Aufsätze aus der Wochenschrift «Das Goetheanum» 1921–1925 (GA 36)

III. Veröffentlichungen aus dem Nachlaß

Briefe – Wahrspruchworte – Bühnenbearbeitungen – Entwürfe zu den vier Mysteriendramen 1910–1913 – Anthroposophie. Ein Fragment aus dem Jahre 1910 – Gesammelte Skizzen und Fragmente – Aus Notizbüchern und -blättern (GA 38–47)

Zweite Abteilung: Das Vortragswerk

I. Öffentliche Vorträge

Die öffentlichen Berliner Vortragsreihen (Architektenhaus-Vorträge) 1903/04 bis 1917/18 (GA 51–67)

Öffentliche Vorträge, Vortragsreihen und Hochschulkurse an andern Orten Europas 1906–1924 (GA 68–84)

II. Vorträge vor Mitgliedern der Anthroposophischen Gesellschaft

Vorträge und Vortragszyklen allgemein-anthroposophischen Inhalts – Evangelien-Betrachtungen – Christologie – Geisteswissenschaftliche Menschenkunde – Kosmische und menschliche Geschichte – Die geistigen Hintergründe der sozialen Frage – Der Mensch in seinem Zusammenhang mit dem Kosmos – Karma-Betrachtungen (GA 91–244)

Vorträge und Schriften zur Geschichte der anthroposophischen Bewegung und der Anthroposophischen Gesellschaft (GA 251–263)

Veröffentlichungen zur Geschichte und aus den Inhalten der esoterischen Lehrtätigkeit (GA 264–270)

III. Vorträge und Kurse zu einzelnen Lebensgebieten

Vorträge über Kunst: Allgemein-Künstlerisches – Eurythmie – Sprachgestaltung und Dramatische Kunst – Musik – Bildende Künste – Kunstgeschichte (GA 271–292)

Vorträge über Erziehung (GA 293–311)

Vorträge über Medizin (GA 312–319)

Vorträge über Naturwissenschaft (GA 320–327)

Vorträge über das soziale Leben und die Dreigliederung des sozialen Organismus (GA 328–341)

Vorträge und Kurse über christlich-religiöses Wirken (GA 342–346)

Vorträge für die Arbeiter am Goetheanumbau (GA 347–354)

Dritte Abteilung: Das künstlerische Werk

Reproduktionen und Veröffentlichungen aus dem künstlerischen Nachlaß

Originalgetreue Wiedergaben von malerischen und graphischen Entwürfen und Skizzen Rudolf Steiners in Kunstmappen, als Einzelblätter oder in Buchform: Entwürfe für die Malerei des Ersten Goetheanum – Entwürfe für die Fenster des Ersten Goetheanum – Schulungsskizzen für Maler – Programmbilder für Eurythmie-Aufführungen – Eurythmieformen – Entwürfe zu den Eurythmiefiguren – Wandtafelzeichnungen aus dem Vortragswerk u. a.

Die Bände der Rudolf Steiner Gesamtausgabe sind innerhalb einzelner Gruppen einheitlich ausgestattet. Jeder Band ist einzeln erhältlich. Ausführliche Verzeichnisse können beim Verlag angefordert werden.